ルニア地方にありますが、カタルニアの人たちが昔からどんな料理を食べてきたのかご存知でしょうか？　地中海沿岸だから魚料理というわけではなくて、もともとは豚肉が食の中心になっている地方だというのは意外ではないでしょうか？　さらには、どうしてスペインでそんなに豚肉が好まれてきたのか、そのルーツはカトリック教徒が国を支配するようになったときに始まるという物語をご存知でしょうか？……

「エスパーニャ・プルラル（複数のスペイン）」という、私の大好きな言葉があります。スペインという国は地方ごとに異なる気候風土と、異なる歴史を持ち、だからこそそれぞれが異なる個性の文化をしっかりと持っています。複数の文化圏に育まれてきた、複数の食文化。その成り立ちを辿ることで、「複数のスペイン」の魅力を知ってほしい。そんな願いから、この本を書きました。

そしてもうひとつ。この二十一世紀に、世界でもっとも注目されている料理はスペイン料理だと言っても言い過ぎではないでしょう。世界中のシェフが注目するような前衛的な料理や最新のテクニックが、スペインから世界へ次々と発信されています。

そういう時代だからこそ、この晴れの舞台にいたるスペインの食の歴史、成り立ちを知ってほしい。言い換えれば、「パエーリャ」から「エル・ブジ」にいたるスペインの食の変遷を知ることで、今どうしてスペイン料理がそんなにすばらしいのかという問いの答えをみつけていただきたいと思うのです。

ワインを飲みながらの夕食時の話題にするために読んでいただいても嬉しいし、これから料理人になりたいと思う人にももちろん、ぜひ読んでほしいと思います。この本のなかから、あなたが興味を感じるスペイン、あなたが好きなスペインの切れ端をみつけてください。それが「複数のスペイン」のモザイクの、きらめきの一つひとつになっていくのですから。

もっといろいろ、スペイン料理の面白さを知りたい。いやその前に、もっといろいろスペイン料理を食べてみたい！　一人でも多くの方にそう思っていただけることを、心から祈っています。

渡辺　万里

スペインの竈から＊目次

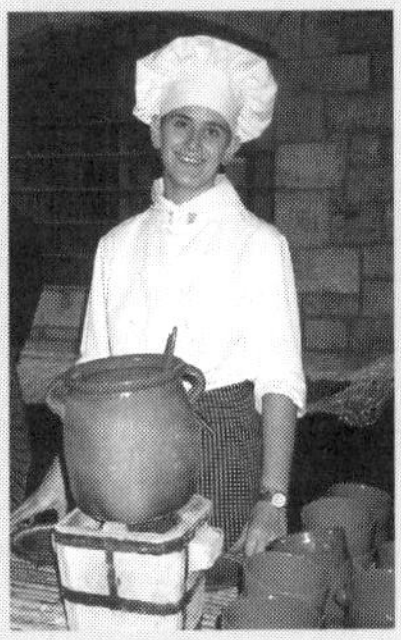

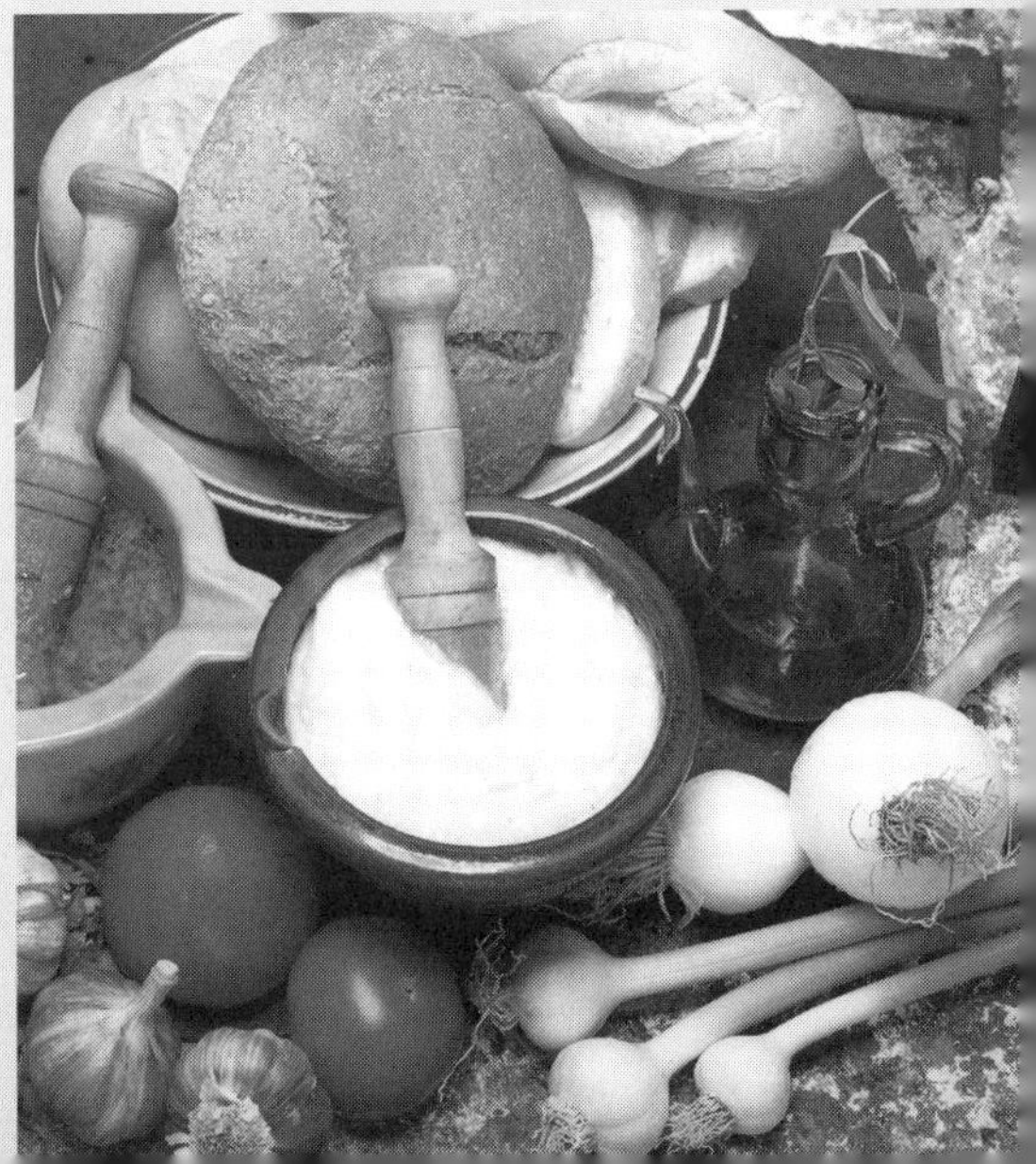

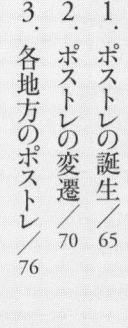

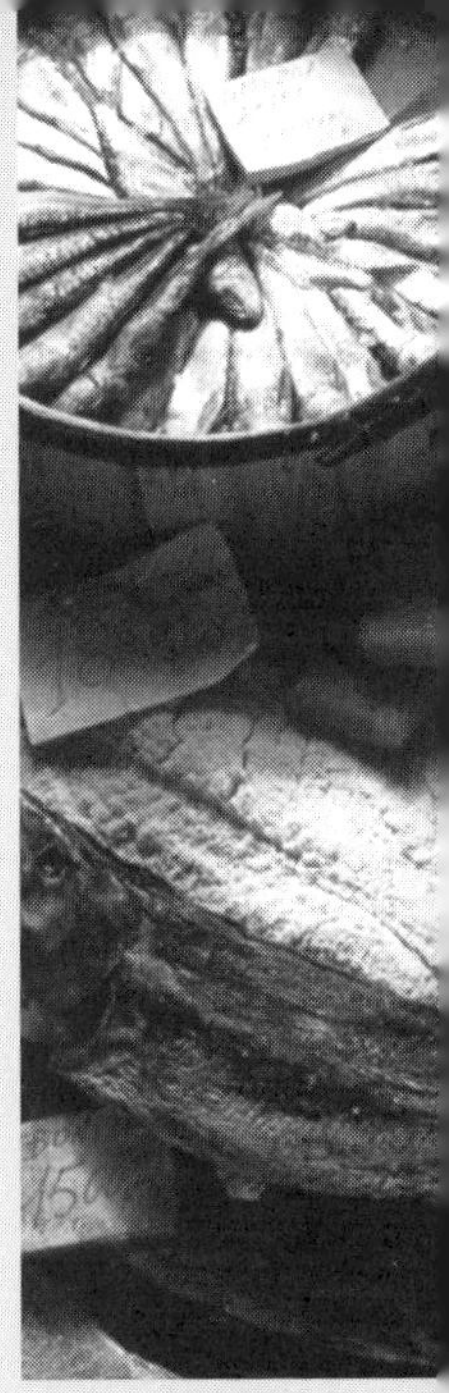

LIEBRES
1600
Liebres
1500
Perdices
1500

カンタブリア海
フランス
ラ・コルーニャ
アストゥリアス
ASTURIAS
オビエド
サンタンデール
カンタブリア
CANTABRIA
ビルバオ
バスク
PAIS VASCO
パンプローナ
ナバラ
NAVARRA
ガリシア
GALICIA
ログローニョ
リオハ
LA RIOJA
バジャドリード
エブロ川
カタルニア
CATALUÑA
サラゴサ
ドゥエロ川
バルセロナ
大西洋
カスティーリャ・イ・レオン
CASTILLA Y LEON
アラゴン
ARAGON
ポルトガル
マドリッド
バレンシア
VALENCIA
タホ川
カスティーリャ・ラマンチャ
CASTILLA LA MANCHA
カセレス
パルマ
エストゥレマドゥーラ
EXTRAMADURA
バレンシア
シウダ・レアル
バレアレス諸島
ISLAS BALEARES
ムルシア
セビーリャ
グァダルキビール川
ムルシア
MURCIA
地中海
アンダルシア
ANDALUCIA
ジブラルタル海峡
モロッコ

第 I 部

調理法から見るスペイン料理の成り立ち

第一章 オーリャ
olla

1．最古の調理法、オーリャ

十七世紀初めのスペインで、二五版以上を重ねるベスト・セラーとなった料理書があります。

著者マルティーネス・モンティーニョは、フェリペ二世（在位、一五五六～一五九八）からフェリペ四世（在位、一六二一～一六六五）の治世に至るまで長く宮廷コックを務めた人で、当時としては最高級クラスの料理人であったと思われます。

後進のために、と前書きされたこの本は、「良いコックたるべき資質の基本は、清潔、味覚、機敏さにある」という心得を第一章として始まるのですが、このなかにさまざまなバンケッテ（宴会）のためのメニューを説明した章があります。

これによると、一皿目はオーリャ、即ち煮込んだ料理。二皿目は主にアサード、肉を焼いたもの。そして三皿目には魚料理と、アサード以外の調理による肉料理、デザートに類する甘いものが記され、最後にこのメニューに合わせるべき果物とチーズのリストがきます。

つまり、一皿目がスープ系統、二皿目が肉・魚などのメイン・ディッシュ、次にポストレ（デザート）という現在のスペイン料理のメニューの流れの原形は、すでに十七世紀にできていたわけです。

「オーリャ olla」とは、もともとは鍋の意味のラテン語からきた言葉で、とりわけ煮込みに使う深い大きな鍋を指します。そして鍋の名前としてだけではなく、その鍋を使った煮込み料理そのものの名前としても定着してきたのです。

このオーリャを使った料理の起源は古く、スペインにおける最古の調理法の記録である十四世紀初頭の本にも、すでにその名が見られます。この本では、カタルーニャ地方の料理について「オーリャとアサードがその基本である」と説明しています。その始まりはカタルーニャ地方であったかもしれませんが、「オーリャ」と呼ばれる煮込み料理はやがてスペインのほぼ全域に広がり、食生活の大きな部分を占めるようになっていきます。

そもそもスペインはピレネー山脈でヨーロッパの他の国々と遮られている上、国内もいくつかの山脈で分断されています。そのため、各々の地方は自治意識も高く、文化も異質な要素を多く持っています。スペインというひとつ名で引っ括ってまとめることの困難な、いくつかの文化圏の集合と呼んでもいいでしょう。

料理の分野においても同様で、各地方の料理はあくまで地方料理という範疇にとどまって普遍性を勝ち得なかったものが多く、「スペイン料理」という総括的な名を冠することは困難です。海外、例えば日本で代表的なスペイン料理とされているものも、実は一地方の料理でしかないという場合が多々あります。パエーリャはバレンシア地方の料理であり、イカの墨煮はバスク地方のもの、ガスパッチョはアンダルシアを中心としてマドリード以南、というように。

そんな中で、いくらかのバリエーションはあるとはいえ、ほぼスペイン全土に存在するのが「オーリャ」、または「コシードcocido」と呼ばれる煮込み料理です。オーリャという名は調理に使われた鍋の名からきていますが、一方コシードは〝煮込んだもの〟という調理法を表す言葉から、特定の料理を指すようになったものです。

十八世紀頃までは「オーリャ」の名の方が一般的であったと思われ、今も「オーリャ・ポドリーダ olla podrida」という鍋料理などにその名が残っています。一方コシードという名は十九世紀頃から、数多くの地方で馴染まれてきたようです。

スペイン王立言語アカデミーの辞書によると、「オーリャ」の定義は、「口径の広い深鍋。及びその鍋で作る肉、脂身、豆類と野菜類、とりわけ基本的にガルバンソ豆とジャガイモなどで作られた料理で、時としてソーセージ類をも加え、全部を一緒に煮込んで味付けしたもの。スペインにおける日常食生活の基本的な一皿」とあります。これはほぼ平均的な、あるいは最も一般的なオーリャの説明と言っていいでしょう。

この料理の原型は先に述べたように、十四世紀のカタルーニャ地方の料理に見ることができます。カタルーニャ地方は地中海に面しフランスにも隣接して、スペインのなかでも特に、開けた意識と文化を持つ地方です。

料理の世界でも、初期の有名な料理人たちは、主にこの地方の出身でした。スペイン料理史の最初のページに名を残している料理人、ルペルト・デ・ノーラもその一人です。

ノーラは、ナポリの王フェルナンドに長く仕えた後カタルーニャに戻り、一五二五年にスペインで初めての総合的な料理書を出版しました。

彼の本に出てくる料理はイタリアの影響を感じさせるものが多く、「オーリャ」の名は出てきません。同じくカタルーニャの基本的な料理のひとつである「エスクデーリャ（スープを入れる椀の名を付けた煮込み料理）」も見当たりません。

このことから、イタリア帰りのノーラが、生まれ故郷カタルーニャの郷土料理を敢えて無視して、彼にとってはより目新しく注目すべきだと考えられたナポリ宮廷の料理を中心に据えて本を構成したのではないかと想像することができます。

もっとも、この時代にスペインまたはイタリアと呼ばれる国はまだ存在していませんでしたし、スペインはいくつもの王国が林立している時代でした。そして当時のナポリ王国は、スペインのなかで比較的有力な王国であったアラゴンの統治下にあったのです。つまりこの本は、十六世紀のアラゴン王室で好まれていた料理を記した料理書と解すべきでしょう。

カタルーニャに始まった「オーリャ」は、十七世紀にはフランスにも到達しました。それぞれルイ十三世とルイ十四世に嫁いだアナ・デ・アウストゥリアとマリア・テレサ・デ・アウストゥリアという二人のスペイン王家の王女が、この料理と名前をフランス宮廷にもたらしたのです。オーリャという料理そのものはフランスの宮廷料理からやがて姿を消しましたが、鍋の名前はフランス語でオイーユとなって残っています。

フランス料理の中で、オーリャまたはコシードと似ている料理としては、ポ・ト・フーがあります。しかしこれはオーリャとは異なる起源を持つ料理で、むしろ古代ローマ系から伝わった料理であろうと、スペインの料理研究家たちは考察しています。

このフランス古来の「ポ・ト・フー」と、アナ・デ・アウストゥリアが故郷の味を偲んで好んだ「オーリャ」の味の違いを大きく左右している要素のひとつが、ガルバンソ garbanzo（エジプトマメ）の存在です。

ガルバンソは、スペイン料理をスペイン独自のものたらしめている要因のひとつ、と言って言い過ぎでないほど、スペイン料理の基本的な食材です。ここではそのガルバンソが、オーリャという料理になくてはならない素材となった過程を眺めてみましょう。

ガルバンソは、カルタゴ人によってスペインにもたらされましたが、いつ頃からオーリャに加えられるようになったかという正確な記録はありません。

しかし興味深いのは、最初に述べたマルティーネス・モンティーニョの本に出てくる「オーリャ・ポドリーダ」にはガルバンソは入れられていないのに、同時代の庶民の生活をうたった詩人ロペ・デ・ベガの詩の中では、「オーリャには、もちろんニンニクとガルバンソとタマネギと……」と書かれていることです。つまり十七世紀頃には、宮廷のオーリャにはガルバンソは入っていなかったかもしれないけれど、庶民の食卓にのぼるオーリャにはガルバンソは不可欠のものとなりつつあったのです。

もうひとつのオーリャの基本的材料、ジャガイモが登場するのには、コロンブスのアメリカ到達を待たねばなりません。こういった要素を併せて考えると、現在スペイン各地にあるオーリャのバリエーションは、十七世紀以降、特に十九世紀に発達したものと見て間違いないようです。

ちなみに、十四世紀の本に出てくるオーリャに関する記述が、この料理についての最も古い記録と言えますが、そこではオーリャの中身は「鶏、脂身、肝臓、茹で卵の黄身、ひとつまみのサフラン」などとなっています。肉と、それに匹敵する比重の野菜を入れた十七世紀以降、現代に至るオーリャの系統とはかなり違う風味の料理が、想像できるでしょう。

地方別、料理人別、階層別のオーリャの中身について、次に述べていきましょう。

2. 時代と階層によるオーリャの変遷

最も貧しい階層の食卓から宮廷のメニューまで、オーリャと呼ばれる煮込み料理は広く普及していきましたが、当然のことながら料理の内容には、その経済状態によって大きな開きがありました。言い換えればこの料理は、スペインの縦割りの階級社会における豊かさのバロメーターでもあったのです。

文学作品のなかでオーリャの中身を説明することが、その食卓の贅沢さ、あるいは貧しさを表現するひとつの常套手段である時代さえありました。豊かさの例としては、かの『ドン・キホーテ』の一節を挙げることができます。

カマッチョの婚礼の章で、サンチョ・パンサがこの田舎の金持ちの婚礼の宴の御馳走に惹かれて近づいて行ったとき、男たちが用意していたのは巨大な「オーリャ」でした。そこには丸ごとの兎やら鳥やらが無造作に放り込まれて、ぐつぐつと煮えつつあります。サンチョが少し食べてもいいかと尋ねるのに対して、

「鍋を柄杓替わりに鳥を一、二羽すくつて、朝飯にしてくれ」

と豪快な返事です。ここではガチョウ、鶏などが丸ごと煮込まれていますが、これは当時としては最高の贅沢と言っていいでしょう。

一方、主役ドン・キホーテの日常を描写した部分には、その生活の質素さを物語るために「彼の食卓のオーリャには、羊肉より牛肉が多い」と描かれています。このことから当時のスペイン中央部、この物語の主な舞台であるラ・マンチャ地方では、牛肉の方が羊肉より安かったということも、自然に推測することができるわけです。

同じ時代、十七世紀のケベドという作家の代表的作品『エル・ブスコン』では、貧しさの象徴としてのオーリャが出てきます。

主人公が暮らす羽目になる寄宿舎の主、カブラ先生は、

「オーリャほど素晴らしいものはない。誰が何と言おうと、これこそ自然そのものであり、他はすべてまやかしだ」と絶賛し、

「さあみんな、思う存分食べてくれ」

と威勢よく言うのですが、そのオーリャはガルバンソが底に貼り付き、大根がわびしく流れ、肉は皆で分けたら爪と歯にくっついただけで終わってしまうという哀れなもの。この作品は、スペインという国全体が貧しさを経験した十七世紀から十八世紀という時代の、ひとつの象徴とも言うことができます。

この時期、かつて宮廷コックたちが技を競った十五、十六世紀の、単純とはいえ品数の多い豊かな食卓は影をひそめ、全般的な貧しさのなかでオーリャが食卓の主役として浮かび上がってくるのです。それひとつで一回の食事をまかなってしまう料理。テーブルの中央に据えて、皆が取り分けて食べられる料理。しかもその家、その時の懐具合で中身を調整できるオーリャは、時代の要請に合って各地方へと浸透していきます。

このオーリャが余りにも食生活に浸透していたがゆえに、スペインで普及の遅れたものがあることを付け加えておきましょう。それはクビエルト、つまり一人分のスプーン、フォーク、ナイ

フのセットです。

テーブルの中央に置かれたオーリャからは、各自がスプーンですくって直接取り分けることができます。すくった肉や野菜を載せるのには、一切れのパンが皿代わりとなります。一人ひとりにクビエルトを配るという習慣が、十七世紀末までスペイン人の食生活に定着しなかった背景には、オーリャが食事の基本であったことが大きく関わっていたのです。

この時代に「オーリャ・ポドリーダ olla podrida」という言葉が現れます。今日でもスペインでその名をとどめてはいるものの、どちらかというとすでに過去のものに属するこの料理は、十七世紀頃のオーリャの最も代表的な形であったと思われます。

ポドリーダというのは腐ったという意味ですが、この名の由来については、はっきりした根拠はありません。十七世紀の『カスティーリャ語の宝庫』というコバルビアスの本には、「長い時間煮込んで、中身がほとんどその形をとどめなくなるところを以てポドリーダと呼ぶ。即ち、果物が熟れ過ぎたものを同じくポドリーダと呼ぶことができるように」と記されていて、これが一応標準的な解釈でしょう。

これとは別に、スペイン中央部ブルゴス地方の北部山岳地帯には、現在も「オーリャ・ポデリーダ olla poderida」と呼ばれる料理があり、これをこの料理名の語源とする説もあります。ポデリーダとは、ポデール poder（権力）からきた言葉であり、つまり権力を持てる者、豊かな者のオーリャといった意味になります。「豊かな内容の、たっぷりした量のオーリャを作るゆとりのある人のための料理」というニュアンスからこの名が生まれ、あとで訛ってポドリーダに変わったと言うのです。

この料理の持つ二つの性格、即ち〝崩れるまでよく煮込むこと〟と〝さまざまな材料を豊富に使うこと〟から、どちらの説も捨てがたく思えます。それでは当時のオーリャ・ポドリーダの代表的なレシピはどんな内容だったのでしょう。

十七世紀初頭の料理人として、まずディエゴ・グラナドの本を見ると、その麗々しい材料の列挙にまず圧倒されます。

「二ポンドの塩豚の喉肉、四ポンドの塩抜きしたモモ肉、解体したての豚の鼻二つ、耳二つに足四本、モツ付き猪肉四ポンド、ソーセージ二ポンド。これらを煮込み、別に六ポンドの羊肉、六ポンドの仔牛の腎臓、六ポンドの牛肉……」

と、まだまだ続きます。

このグラナドのレシピは膨大な量の材料を使っていますから、とてもひとつのオーリャで煮ることはできなかったでしょう。本のなかの説明から、いくつかの鍋に分けて同時に下煮をし、最後にそれらを合わせてから種類別に大皿に盛り付けたことがわかります。そしてスープは充分煮詰めて、ソースのようにかけるよう指示しています。

一方、前に紹介した同時期の料理人マルティーネス・モンティーニョの本では、肉、鳥肉類を煮込む前に一度焼くことで、味を逃さないという工夫を付け加え、またオーリャ・ポドリーダをパステルに仕立てるという手法も記しています。これはオーリャで煮込んだ中身をパイ皮状のもので包んでオーブンで焼くという、現代ではすでに失われてしまった料理法です。この料理はまた、残り物を活用するための工夫でもあったらしい点で興味深いものがあります。

オーリャに続いて、「プチェーロ puchero」の時代がきます。プチェーロは鍋としてはオーリャより小型で口が狭く、スープ壺とでもいうような形をしています。

この持ち運びに便利な小型の壺風の鍋は、スペインが次々と戦火に見舞われる十九世紀に一躍舞台に登場します。当時、戦地を廻って聖書を売り歩いていた人の記録に、どこに行ってもプチェーロに出会ったこと、とりわけヒターノたちの作るプチェーロを大いに堪能したことが記されているのです。この資料に出てくるヒターノ版プチェーロの中身は、牛肉、脂身、ガルバンソ、それにベルドラガ（すべりひゆ）などで、今も多くの地方でヒターノたちがプチェーロと呼ぶ料理にかなり似ています。

このプチェーロという鍋で料理する場合には、形からも推測できるように、煮込んだ中身以上にカルド caldo（スープ）の部分が主役となります。その点で、口が広くて沢山の中身を入れることに重点が置かれたオーリャとは、性格が違うのです。そして具とスープ、オーリャとプチェーロという二つの要素が一体化したのが、次に現れるコシード cocido であると言ってもいいかもしれません。

こうして宮廷料理に大きな位置を占めていた十六世紀から、ブルボン系王家の到来と共に庶民の食卓への格下げ、次いで戦時のプチェーロへの変貌といったプロセスを経て、二十世紀初頭に、オーリャは「コシード」の名で再び宮廷の食卓に登場することになります。

ドン・カンディド・コジャールという料理人の書いた「高貴なるコシード」と命名されたレシピが、当時のスペイン料理を代表するものとして、アルフォンソ十三世（在位、一八八六〜一九三一）のお墨付きのサインと共に本に残されています。その材料は、ガルバンソ、豚の肩肉、鶏半羽、脂身、生ハム、チョリソ chorizo（スペイン独自のソーセージ）、塩漬けの豚足、それに野菜としてキャベツ、インゲン豆、アセルガ（チシャの一種）、ジャガイモなどで、全部よく煮込んだ後、スープだけを漉してパスタか米を加えて一皿目として供します。次にガルバンソと肉類の皿、野菜とソーセージ類の皿を、炒めたトマトをソース代わりに添えて同時に出し、これを二皿目とします。

このレシピは、マドリードのさる老舗のレストランで、「マドリード風コシード cocido madrileño」として今もほぼ忠実に作り続けられています。

王自ら選んだメニューとしては、あの十七世紀頃の豪勢なオーリャと比べるといかにも質素なこのコシードは、マドリードを中心とする統一国家の確立、ブルジョアジーの台頭といった二十世紀初頭スペインの状況のシンボルでもありました。この後コシードは、各地方の郷土料理として、その各々の個性を主張し始めるのです。

3. 現代のオーリャ

現在のスペインでオーリャ、あるいはコシードと呼ばれている料理を、地方別に見てみましょう。

二十世紀初頭に定着したコシードの原型を最もよく保っているのは、マドリードの「コシード・マドリレーニョ」です。一皿目はパスタを入れたスープ、二皿目は大皿に盛った野菜類、三皿目に同じく大皿に盛った肉類を、それぞれ好みで味付けしながら食べるというのが、その基本形です。かつて味付けに使われたトマトのソフリート sofrito（油で調理したもの）が影をひそめて、少量のオリーブ油と酢などを各自の好みで使うようになった点だけが、わずかに変化と言えるでしょう。

このコシードの基本材料は、ガルバンソにジャガイモ、にんじん、ポロネギその他季節の野菜。そして肉類は牛肉、鳥肉、トシーノ（豚の脂身）、牛骨、チョリソをはじめとする腸詰類などです。

野菜類のうちガルバンソとジャガイモは欠かせませんが、それ以外の組み合わせは各家庭の好みによって変わります。根菜類を中心にキャベツなどを加えるのが、よく見られるパターンです。

ガルバンソは、前にも述べたようにスペイン料理の基本的な食材で、全国どこでも、という意味で「ガルバンソのある所なら」というフレーズがあるほど、広い地域で栽培されています。ただし、全国というのはいささかスペイン流のオーバーな表現で、乾いた土地ならどこでも、と言うべきでしょう。つまり、温暖多湿なビスケー湾に面するバスク地方やアストゥリアス地方では、ガルバンソは余り栽培されていないのです。そこではコシードは普及していないか、あるいはいくらか姿を変えた形になっています。

例えばアストゥリアスでは、大粒の白インゲン、ファベス fabes がガルバンソに代わる代表的なレグンブレ legumbre（豆類）で、この地方の最も有名な料理ファバーダ fabada は白インゲンと豚肉及びその加工品によるスープです。

一方バスクでは、コシードと呼ばれる料理はありますが、ビトリア風と名付けられているものに至っては、ガルバンソを使ったコシードとアルビアス・エンカルナーダス alubias encarnadas（赤インゲン）を使ったコシードを両方作って混ぜるという奇抜さで、彼らにとつてガルバンソの占める位置がいかに小さいかを示しています。

同じようにビスケー湾に面して湿度の高い気候と沃野に恵まれながら、カンタブリア地方には、コシード・モンタニェス cocido montañés（山地のコシード）というれっきとしたコシードが存在するというのは興味深いことです。これには地理的条件以上に、歴史的要素が介入しているのです。

カンタブリアは、別名をカスティーリャ・デル・マル Castilla del mar（海のカスティーリャ）

地方と呼ばれ、かつてはカスティーリャ王国の中心となっていた時代もありました。したがって豊富な海の幸、それ以上にスペインでは貴重な酪農製品に恵まれながらも、料理の性質には、内陸の地方であるカスティーリャ地方の影響をより大きくとどめているのです。

ただ、中央部カスティーリャからこのカンタブリア海沿岸に到達するあいだに、コシードはいくらか形を変えました。ここではスープとその中身という二皿ないしは三皿の形ではなく、煮込んだそのままを一皿の料理として食べるのです。その点ではむしろ、十七世紀頃の形により近いとも言えるでしょう。スープだけを別に漉して、そこにパスタなり米なりを加えるという手法は、かなり後の時代になってから初めて料理書に現れるのです。

コシードのもうひとつの重要な要素、肉類について語るにあたって、再びスペインの歴史に触れなければなりません。

アメリカ新大陸到達と時を同じくしてイスラム教徒からの国土奪還、いわゆるレコンキスタ（国土回復運動）を成し遂げたイサベル、フェルナンドのカトリック両王は、一気にスペインをキリスト教国とすべく、イスラムのみならずユダヤ教徒をもスペインの地から排斥する姿勢を明らかにしました。ヨーロッパにルネッサンスをもたらし、スペインを学問的にも経済的にも大きく進歩させたユダヤ人及びイスラム教徒との共存時代は、ここに終わりを告げるのです。

とはいえ生活のためスペインにとどまることを余儀なくされたユダヤ人たちにとって、踏み絵とも言える存在が豚肉でした。ユダヤ教の律法によって豚食を禁じられている彼らは、それを食べることでキリスト教への恭順を示さなければならなかったのです。イスラム教徒も同じく豚肉を食べないことから、豚を食べることは、由緒正しきスペイン人である証とさえ見なされるようになりました。

スペインの料理研究家ルイス・アントニオ・デ・ベガは「コシードの原型は、ガルバンソ、ジャガイモ、牛肉、茹で卵などを用いるユダヤの代表的料理アダフィナ adafina である」と述べています。その元の形を残しながら、キリスト教徒の目を恐れて脂身やチョリソなどの豚肉加工品を加えたものが、コシードとなったというのです。この説の正否はともかくとして、現在スペイン各地のコシードには、必ずと言っていいほど豚肉加工品が使われています。

肉類でコシードに使用される頻度が最も高いもののひとつに、トシーノ tocino（塩漬けにした豚の脂身）があります。これは塩味などの調味の役割も担ってはいますが、同時に肉の一種として食べる素材でもあります。このあたりに、近年スペインの厚生省が積極的に対策キャンペーンを始めた「スペイン人の動物性脂肪の摂取過剰」という問題の根源のひとつがあるのではないかと思われます。せっかく大部分の調理にはバターを使わずにオリーブ油を使っているにもかかわらず、トシーノや脂肪分の多いソーセージ類を多量に使うことで、スペインの食生活は、高コレステロール食になってしまうのです。

豚肉の加工品はどれもスペインの重要な食材ですが、なかでもソーセージ類に関しては、地方ごとのバリエーションが豊富です。例えば、マドリードのコシードをカタルーニャ地方版のオーリャである「エスクデーリャ・イ・カルン・ドーリャ escudella i carn d'olla」と比べるとき、顕著な違いとして目に映るのが、マドリードのチョリソ chorizo とカタルーニャのブティファラ butifarra というソーセージです。

この二つの違いを簡単にまとめてしまうなら、チョリソの基本の味が多量のパプリカであるのに対して、ブティファラは胡椒味を基調としていること。チョリソはほぼスペイン全土で作られさまざまなタイプがあるが、ブティファラはカタルーニャ地方独自のものであること、などです。ごくスペイン的なパプリカの代わりに胡椒を選んだところに、フランスと国境を接しいろいろな角度でその影響を受けているカタルーニャらしい個性を感じることができます。

なおエスクデーリャも、パスタや米を加えたスープとその中身という二皿の形で供されます。

カタルーニャからさらに東へ、バレアレスと呼ばれる地中海上の島々にもコシードの一種が存在します。例えばメノルカ島に昔から伝えられているレシピは、仔牛肉、ブティファラ、豚の耳か足、鶏肉、仔羊、この地方で特に好まれるソブラサーダ sobrasada という脂肪分の高いソーセージ、それに野菜としてはジャガイモ、ガルバンソに加えて大根、ネギ、ニンジンなどが使われます。さらに古い時代には野鳥類も加えたという記録があり、これは例のドン・キホーテの時代に遡る由緒正しいオーリャ・ポドリーダの直系の料理と言えそうです。ただしこのバレアレス地方は、塩味と甘味を同じ料理に混ぜるというスペイン地中海沿岸地方独自の珍しい嗜好を持ち、この「コシード・メノルキン cocido menorquin（メノルカ風コシード）」にも、アメリカ大陸伝来のサツマイモを加えたりするあたりにその特徴が見られます。

一方、十九世紀頃からヒターノたちに好まれてきたプチェーロは、ムルシア地方を中心に地中海沿岸で「オーリャ・ヒターナ olla gitana（ヒターノ風オーリャ）」と呼ばれるものと、「コシード・アンダルス cocido andaluz（アンダルシア風コシード）」に引き継がれています。

この二つに共通の要素は、野菜の種類のオリジナリティーでしょう。もともと北インドからやって来た放浪の民であるヒターノ（ロマ）はスペイン全土に住み着いていますが、なかでもアンダルシアは彼らの気質に合った風土気候を持ち、最もヒターノの存在が目立つ地方と言えます。アンダルシア風コシードには、トマト、インゲン豆、カボチャといった野菜が入れられ、一方ヒターノ風と呼ばれるものにもトマト、インゲン豆、カボチャ、さらに白インゲン、グリーンピース、洋ナシなどが加えられていますから、これらの野菜がヒターノ独特の好みに通じるものであろうということが推測できます。なかでも、スープが濁ることを嫌うマドリード風と対照的に、トマトやカボチャという溶けやすい素材が好まれているあたりに、中央部と南部の嗜好の違いの一端を垣間見ることができるようです。

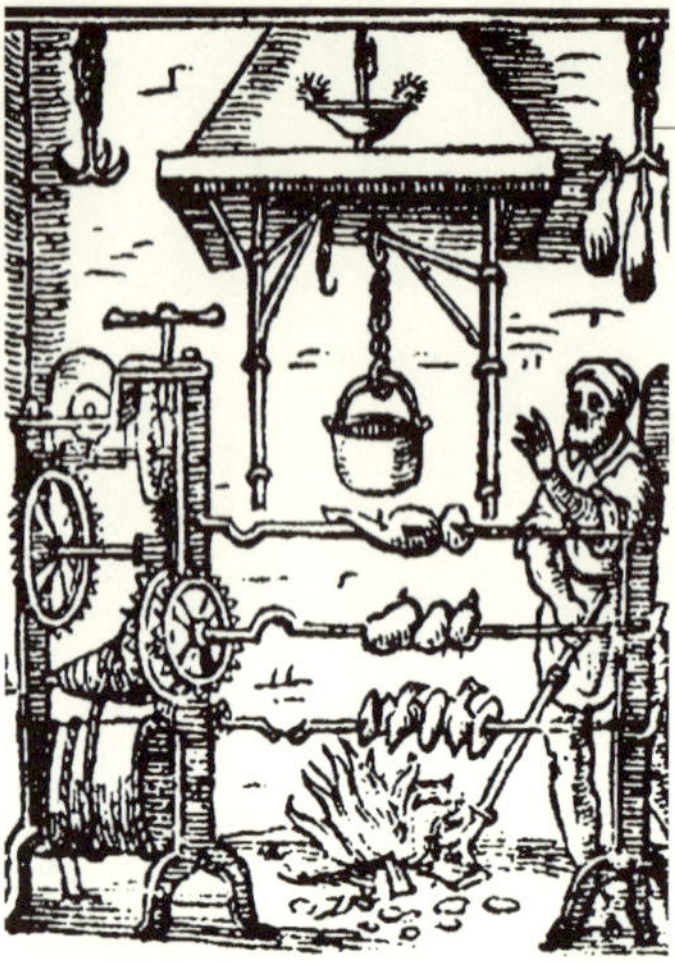

第二章 アサード
asado

1．食の土台、アサード

スペイン料理という小宇宙の中心とも言うべきオーリャに続いて、次は「スペイン全土をその煙が繋ぐ」とまで言われた、これも代表的なスペイン料理、「アサード asado（ロースト）」について見てみましょう。

十四世紀のカタルーニャ語で書かれた本のなかに、中世の食事習慣に触れている一節があります。曰く「カタルーニャでの宴会の食卓には、巨大なオーリャとアサード。それだけだが、しかしたっぷりした量で、それ以上の複雑さは全く必要ない」というのですが、これはカタルーニャに限らず、この時代のスペインのほぼ全土が共通の形であっただろうと思われます。

アサード、すなわち肉を焼くというごく原始的な調理法は、肉類が大きな比重を占めるスペインの食生活において、十四世紀から現代に至るまで、常に欠かすことのできない重要な位置に存在し続けてきたのです。

ちなみに、中世スペインにおいてバルセロナを中心とするカタルーニャ地方が、文字・印刷文化を筆頭に、広い意味でこの時代のスペインの文化的先端であったことを、断っておかなければなりません。だからこそこの時代の本は多くの場合、カスティーリャ語（スペインの母体となったカスティーリャ王国を中心に発達した言語、即ち現代の標準スペイン語）より以前にカタルーニャ語のものが残されている場合が多いのです。スペイン最古の料理書とされているルペルト・デ・ノーラの本にしても、現存する最も古い版はカタルーニャ語によるもので、ノーラがカタルーニャ語で著述した後、カスティーリャ語に翻訳されたものであろうと言われています。

スペインのガストロノミア（美食学）に関する本には、アサードと前章で述べてきたオーリャとを比較して論ずることで、両者を位置付けようとしているものがしばしば見られます。

「オーリャが生を意味するなら、アサードは死。オーリャはしばしば不死性を象徴してきたが、アサードの金串に不死を見る者はいない」というのやら、「焼くことは常に男性、または男性的なものに繋がり、煮ることは女性と女性的なものに繋がってきた」というのに始まって、その例は枚挙に暇がありません。

料理研究家ハビエル・ドミンゴはその著書で、「オーリャにはほとんどありとあらゆるものが入れられ、いわばそれ自体が小宇宙であるのに対して、アサードは普通、肉類のみを対象とする。アサードが人類の最初に発見した調理法であるのに対して、オーリャは鍋という器具の発明を待たねばならなかった。したがってアサードは文化以前に存在し、オーリャから技術、あるいは文化が始まる」と指摘しています。

私はこれらに付け加えて、ヨーロッパのなかでのスペイン料理の位置付けから、もうひとつの比較を示唆したいと思います。それは、オーリャがヨーロッパ内でのスペインの特異性、あるいは個別性を代表しているのに対して、アサードは、スペインのヨーロッパにおける普遍性を意味しているのではないか、ということです。何故なら、オーリャが材料、器材などすべての観点からスペイン独自の料理であるのに対して、アサードはスペイン固有の料理ではなく、その原型はすべての狩猟民族に共通のものだからです。そこにいくらかのスペイン独自の個性が付け加えられてきたことを考慮に入れてもなお、アサードという料理に関しては、オーリャの場合のようなはっきりした国境線を引くことはできないでしょう。

カルロス・デルガードの料理用語辞書には、アサール asar という動詞は「アサドール（肉炙り器）、オルノ（オーブン）、またはパリージャ（グリル）で、肉・魚・果物などを、消化を容易にするため熱によって処理すること」とありますから、この言葉が本来は肉類にのみ限られて使われたわけではないことがわかります。

しかし、アサードという名詞の項ではすでに、「特に肉類の調理法、あるいは鳥、野鳥など」と指定されているように、スペインではアサードと言えば、肉類の調理を意味するのが一般的です。とりわけ、コルデーロ・アサード cordero asado（仔羊のロースト）は、スペイン料理の二皿目（メイン・ディッシュ）として欠かせない、代表的な料理です。

「スペインを食文化から眺めるなら、それは多くの民族に影響されたさまざまな料理、そしてさまざまなワインが、仔羊を焼く煙の香ばしい香りで繋がれている国である」というのは、料理研究家アントニオ・デ・ベガの言葉ですが、確かにそれぞれの地方固有の料理を取り去ったとき、そこにスペイン全体の共通項として残るのは、コルデーロ・アサードだと言っても過言ではないでしょう。

特にスペイン中央部一帯に関しては、ベガが「アサードの地帯」とし定義付けているほど、アサードを食生活の重要な基盤のひとつとする地方が連なっています。

ここで、ガストロノミアから見たスペインの地方分類に触れておきましょう。

現在一般的に使用されている分類は、ほぼ地方自治体の区分に沿ってスペイン全体をかなり細かく区切っていて、その原型はカルロス・パスカルの分類に基づいていると考えられます。パスカルはスペインを一五に分けているのですが、そのなかで特徴的なのは、バスク、ナバラ、リオハという、見方によってはかなり幅のある北部フランス寄りの地方をひとつにまとめていること、逆にガリシア、アストゥリアス、カンタブリアなどはそれぞれ別個の地方とし、またレオンのような小さな地方をカスティーリャとは別の独立した地方として扱っていることなどでしょう。

ここには、料理を歴史的背景に基づいて位置付けようという意図が感じられます。バスクをはじめとして統合されている地方は、現在それぞれが料理にはっきりした個性を持ち、なおかついずれもガストロノミアの分野で高く評価されている地方ではあるものの、歴史的にはバスクを項点としたひとつのグループとして見なすことがきわめて妥当です。それに対して、アストゥリアスは小さいながらもレコンキスタ（国土回復運動）の最初の拠点として、現代スペインに繋がるカスティーリャ王国の礎とも言うべき重要な地方ですし、レオンもまたレオン王国という繁栄の時期を持つ地方として一線を画すべきだというのは、説得力のある論旨と言えるでしょう。

これに対して、フランス人のレイムンド・ドゥメイの分類はずっとおおざっぱであると同時に、その命名はいささかこじつけの感があります。ビスケー湾沿いの地方を全部まとめて「海辺の一隅の料理」、カタルーニャがそのまま「カタルーニャ人の料理」なのはいいとして、アラゴンが「古きキリスト教徒の料理」、バレンシアが「ブラスコ・イバニェス（スペインの代表的な作家）の料理」、アンダルシアが「神々の料理」と名付けられているのに至っては、文学的語呂合わせとも取れます。

ただ唯一評価したいのは、そしてその部分こそ彼の主張したかった論旨の中心に違いないと思えるのは、内陸部の広域をひっくるめて「古代ローマの料理」と呼んでいることです。エストゥレマドゥーラから旧カスティーリャへと縦に連なるスペイン内陸部とは即ち、古代ローマ帝国が縦横に道を開き、交易を始めた拠点のひとつです。そのローマの道を次にはゲルマン民族が逆行し、イスラム教徒が北上した後はキリスト教徒が南下し……という風に、この地方の文化はすべて、ローマ人の築いた道の上に積み重ねられてきた幾多の民族の文化の集大成と言っても過言ではないのです。しかも、のちに「銀の道 Vía de la Plata」と呼ばれるようになった、このローマ以来の交易路こそ、スペイン屈指のワインと生ハムのルートと一致するのです。

この旧カスティーリャからラ・マンチャ地方という中央部に注目して、そこを「アサードの地帯」と名付けたのがアントニオ・デ・ベガです。これもまた、歴史的必然を皮肉っていると取れなくはないでしょう。何故なら、今述べてきたローマの道を辿った征服者達の最後の一団であるキリスト教徒軍によって、度重なる戦禍でこの中央部は農耕の不可能な文字通りの荒野と化し、そこに残された生活手段は羊を中心とする牧畜だけだったからです。

この国土回復をもくろむキリスト教徒の時代に、移動する戦線と宮廷にとっての、唯一にして最高のもてなしはアサードであり、それもほとんどが野外で直に焚き火の上に肉をかざして焼く方法によるものでした。

室内での場合にも、アサードはやはり薪の火の上で調理されました。ガスも電気も存在しないこの時代の調理とは、即ちオガール hogar（かまど）の料理を意味したのです。ここから我々のいわゆるオーブンへの変遷には、まだ長い年月が待たれることになります。

その素朴なかまどと共に歩み始めたスペインの料理人たちが、アサードとどう取り組んでいったかを、続いて見ていきましょう。

2. アサードとオルノの変遷

中世スペインの台所は、オーリャ（鍋）、オルノ（かまど）、そしてアサドール asador（肉炙り器）というごく質素な設備からスタートしました。当時の絵画や絵タイルには、かまどの上に鍋が自在カギで吊るされ、その手前にぐるぐる廻る金串を取り付けたアサドールが据え付けられて、料理人たちが肉を炙っているという台所風景がしばしば描かれています。

このアサドールこそ、最も古くなおかつ長い時代にわたって使われてきたアサードの調理方法でした。料理の手段そのものがはなはだ限定されていたこの時代においては、貧富の差は、調理される材料の豊富さ、あるいは料理人の腕の優劣にこそ現れても、調理法の違いはまだ存在しなかったわけです。

宮廷や大きな家のアサドールには、複数の金串が取り付けられて同時に廻るようになっていました。そこで焼かれる牛や羊や野禽類をすべて見張って、どれもがちょうど良く焼けるように調整することは、一瞬も目を離せない仕事であったことが想像できます。

つい数十年前まで、スペインの料理人たちの代表的な指南書であったアンヘル・ムーロの本では、アサードの章で次のように述べています。

「アサードという本来難しい調理において最も問題になるのは、料理人の細やかな感性と確かな味覚であり、それらの欠如こそ、しばしばアサードを然るべき評価から貶めている原因である」

そして、同時に二種類以上の肉を焼くための最良の方法として、まずアサドールによる調理を説明していますから、アサドールを原始的な過去の遺物として安易に片付けてしまうわけにはいかないようです。

ハビエル・ドミンゴが指摘するように、中世において料理とは権力の象徴であり、調理場もまた権力の具現でなければなりませんでした。即ち、多くの調理人といくつものオーリャ、巨大なアサドールというお膳立てのもとで、運び込まれる大量の材料、とりわけ豊富な肉類が調理されることが、そのままその宮廷の権威を示す一番の証拠だったのです。

その良い例が、ユステの調理場です。カルロス一世（在位一五一五〜一五五六）が晩年を過ごしたユステの僧院は、エストゥレマドゥーラ地方の山深く分け入った、世捨て人にふさわしい環境にあります。しかし台所の半分は占めようという巨大なかまどを見ると、ここで隠遁生活に入った王が、政治的野心はともかく、食べること、それも〝大量で豊かな食事〟という執着は決して捨てていなかったことが、ありありと窺われます。

このカルロス一世は大食漢として歴史に名高く、毎回の食事の他に一日中モンタンチェスのハモン（当時最高とされた産地の生ハム）をつまみ、なおかつアンチョビーと塩漬けのニシンが好物だったと言いますから、彼が食べたい放題の隠遁生活五年にして亡くなったのも無理はないでしょう。スペイン中から、王の好物を届けるための便が引きも切らず、各地の産物が途切れることなくこのユステに届いたと言われることからも、王の権威が引退後も未だに隆盛であったことがわかります。そして沢山のアサドールを備えた大きなかまどが、それを象徴しているのです。

もっとも、大食、飽食の限りを尽くしたのはカルロス一世だけではありません。代々スペインの王たちは、その権力の証として、より大きなかまど、より豊富な食料、より腕のいい料理人をめぐって大いなる執着を示し続けてきました。

十七世紀初頭に、宮廷コックとして一世を風靡したマルティーネス・モンティーニョの残したクリスマスのためのメニューを、一例として挙げてみましょう。一皿目には、オーリャ・ポドリーダを含む一二皿がある中で、アサードとしては七面鳥、仔鳩、シャコ、仔羊、雌鳥。二皿目では、一二皿のうちアサードは、去勢牛、鴨、仔牛、ツグミ。三皿目はデザートも含めて一二皿の中に、アサードは仔山羊。つまり、一回のメニューに一〇種類のアサードが組み込まれているわけです。

ちなみに、この最後に挙げた仔山羊のアサードについては、丸ごとの仔山羊の頭を切り取り、腹を開いてトシーノ（豚の脂身）、タマネギ、山羊の肝臓、野菜、卵、香料などのみじん切りを詰め、ラードを塗って焼き、白パンとレモンの輪切りを添えて供するという興味あるレシピが記されています。いずれにしても、これだけの種類と量のアサードを宮廷の食卓に供するには、どれだけのアサドールと何人の料理人が必要か、想像されようというものです。

一方、ほぼ同時代の料理人で、イタリアとフランスでの長いキャリアによってモンティーニョとはまた違った個性を持つディエゴ・グラナドのメニューを見ると、その最も顕著な違いは、アサードの素材の選択にあります。先に述べたように、アサードと言えばほとんど無条件に肉類を指すスペイン料理の伝統から一歩離れて、そこにはあらゆる種類の魚が登場してくるのです。

彼の著書に出てくる克明な魚の説明から想像すると、調理法以前に魚そのものを紹介しなければならないほど、スペインにおいてそれらの魚が未知の素材であったことが推測されます。このあたりを見ても、スペイン料理を単純に「地中海料理」という名で海辺の料理としてまとめようとする不自然さ、スペイン料理の特質をまずなによりも魚介類の調理に見ようとする偏見を、訂正していかなければならないことがわかるでしょう。

肉類の料理に関してはあらゆるものの出揃っているこの時代に、魚を多く扱っている料理人は、グラナドもその少し先輩のルペルト・デ・ノーラも、揃ってイタリア帰りであるという事実がそれを裏付けています。

グラナドの本には、例えばロダバージョ rodaballo（カレイ）をその姿形から詳しく説明した上で、大きなものをスープまたは煮込みに、小さめのものをアサードにという指示があります。このアサードは、酢と塩と甘口のワインを混ぜたものに一時間程漬け込んだ後、ローズマリーの枝を敷いた上に載せてパリージャ parrilla（グリル）で焼くというものですが、ここでパリージャというもうひとつのアサードの調理法が出てきます。

金網に素材を載せて焼く、または鉄板に載せて焼くこの調理法は、現在もスペインで魚類を焼くのに好まれる手法です。グラナドは他に、カマス、鯉、鱒、八目ウナギなどをアサードにしていますが、ほとんどの場合、まずワインや酢をベースにしたものに漬け込んだ上でパリージャを使って焼くという手順を踏んでいます。

もちろん、パリージャは肉類のアサードにも使われました。アレクサンドル・デュマはその紀行文中で、「スペインにはパリージャだけだ」と記していますが、アサドールそのものは存在しない。あるのはパリージャだけだ」と記していますが、彼がスペインを訪れた十九世紀にアサドールが姿を消していたという記録はないので、これは他のいくつかの間違いと共にデュマの勘違いと思われます。

スペインにおける兎の質と調理、ガルバンソの特質などについては、さすがに適切なうんちくをかたむけているデュマですが、旅籠を泊まり歩いた旅の記録では、調理方法の統計を取るにはいささか偏った資料しか得られなかったのは、致し方ないことでしょう。

肉類のアサードに関してパリージャが持つ最も際立った特質は、区分けして切った肉のブロックを焼くのに適している点です。デュマが泊まった宿はいずれも、大きな動物を丸ごと焼く必要があるほど大きな、そしてまた贅沢な所ではなかったため、彼がアサドールとは巡り合わなかったというのが実情でしょう。しかしまた宮廷料理から庶民の料理へ、貴族中心指向からブルジョアジーの台頭へという歴史の流れが、巨大なアサドールから手頃なパリージャへの移行を促したのも、事実だったに違いありません。

アサードは、アサドールに端を発し、パリージャを経て、やがてオルノ horno（オーブン）の発達と共に次の時代を迎えます。

オルノは、スペインにおいても他のヨーロッパ諸国と同様に、パンを焼くためにまず定着します。直接の火に材料を近づけることで加熱するアサドール、あるいはパリージャに対して、一定の空間を火力によって加熱した上で、その空間に材料を入れて調理するオルノは、確かに一段階進んだ発想による調理と言えるでしょう。初期には各村々でパン屋だけが所有していたオルノで、パンのみならず肉類も調理され、この新しい調理手段はやがてさまざまな新しい料理を生み出すきっかけとなるのです。

スペインではこの初期のオルノはオルノ・モルーノ horno moruno（アラビア人のかまど）とも呼ばれ、スペインの歴史に数々の局面で関わってくるアラビア人たちが、この半円形のかまどをもたらすにあたっても貢献したらしいことが推察されます。オルノによるアサードの展開と、現代スペインにおける代表的なアサードの形を、次に述べていきましょう。

3. 現代のアサード

「スペインの北部では煮込み、中部では焼き、南部では揚げる」というのは、スペインでよく耳にするフレーズです。これは確かに、スペイン料理の特徴を、ごくおおざっぱとはいえ捉えている表現と言っていいでしょう。なかでもカスティーリャ・イ・レオンとカスティーリャ・ラ・マンチャという両カスティーリャ地方を中心とするイベリア半島の内陸部は、中世以来アサードと共に生きてきた土地と言っても過言ではないのです。

料理研究家フリオ・エスコバルは、カスティーリャにおけるアサードの主役は、レチャッソ lechazo とトストン tostón であると指摘しています。前者は乳を飲んでいる時期の仔羊、後者は同じ時期の仔豚のことですが、ここで注目したいのは、これらのレチャル lechal（乳飲み仔）の丸焼きが、オーブンでのアサードを当然の前提として考えられていることです。

オルノ・モルーノと呼ばれる半球形のドームのようなオーブンが、いつ頃から定着し、またいつ頃からアサードに使われるようになったかという正確な資料はありません。ただ、十六世紀頃のスペインのパステレリーア（菓子屋・パン屋）は、甘い菓子と一緒に肉類を使ったパン類も作っていましたから、その同じオーブンがアサードに使用されるようになり、やがてアサードのために専用のオーブンが作られるようになっていったらしいプロセスは、推測することができます。

現在のスペインで、かつてのようなオルノ・モルーノを使って菓子やパンを焼く菓子屋を見つけるには、かなりの田舎まで出掛けて行かなければなりませんが、アサードのために薪によるオルノを使い続けているレストランはしばしば見かけます。

セゴビアにあるカンディド（二十世紀初めの著名な料理人の一人）の調理場もそのひとつで、今もオルノ・モルーノでコチニージョ cochinillo（仔豚の丸焼き）や仔羊のアサードを焼いています。

カンディドの言葉によれば、「オルノは、日乾し煉瓦か耐火煉瓦でオレンジを半割りにした形に作られ、そこでローズマリーとタイムの枝を燃やさなければならない」ということですが、この言葉通りのオルノは、パンプローナの近郊のシスル・メノールという村のレストランで、あるいはセゴビアの手前にあるペドラサという村のレストランで、その他にも昔ながらのアサードの味にこだわるいくつものレストランで見ることができます。

つまり、ごく近年までスペイン中央部のアサードの主流は、数世紀を経たこのオルノ・モルーノによって焼かれてきたのです。その後、ガスの登場がオーブンを変え、電気の発見はさらにアサドールまで電気によるものに変えたにもかかわらず、ことアサードに関する限り、原始的なアサドールや薪によるオルノを懐かしみ、アサードのより優れた調理法として評価する声は今も少なくありません。

前に紹介した十七世紀のメニューで、アサードの大きな部分を占めていたのが野鳥を中心とする野禽類であったのに対して、現代のアサードの主流は仔羊、あるいは仔山羊、仔豚などに移り変わってきました。これは、狩猟によって食材が調達されることの多かった中世から、市場の一定した現代への時代の変遷を考えれば当然のことと言えるでしょう。しかし同時に、スペイン人の肉類に関する嗜好の移り変わりという要素も考えてみなければなりません。

スペイン人はもともと、より柔らかい肉ほど珍重するという傾向を持っていました。アサードという調理法はその好みを一層助長し、ついには「一歳以上の動物をアサードにするために殺すのは、料理文化上全くの愚行だ」というフリオ・エスコバルの言葉に象徴されるような、レチャル礼賛の傾向として定着してきたのです。

では、アサードに適さないとされた大きな動物の調理は、どのように変化したのでしょうか？

その答えのひとつは、次の章で述べる「カスエラ」による調理であり、もうひとつの答えは「マタンサ matanza」です。

マタンサとは、豚を殺し、各種の保存食品として貯蔵用に加工する作業を意味し、かつてはスペイン全土の村々でごく日常的なものとして行われていました。現在では工業的な食製品の生産が、こうした家庭単位での貯蔵食品作りを大きく限定してきています。しかしそれでも、マタンサが決して過去の遺物とはならずにその伝統を保っている裏には、マタンサによる産物こそ、スペイン料理の基本的食材の大きな部分を占めているという事実があります。

ハモン jamón、チョリソ chorizo、モルシージャ morcilla、ロモ lomo その他、スペイン人の食生活を支えるとも言える豚肉加工製品は、すべてこのマタンサによって作られるのです。コチニージョ、またはトストンと呼ばれて丸焼きで消費される生後六週間以内の仔豚の量などは、その膨大な生産量に比べれば何程でもありません。

コチニージョに関しては、セゴビアとその近郊のアレバロという町にはさまれた地域の仔豚がとりわけ良質であり、この一帯におけるアサードが最高とされています。この地域で小麦、または大麦の乾し草を食べる豚から生まれて十日から十五日目の仔豚を、パン焼きのかまど（すなわちオルノ・モルーノ）で焼いたもの、という条件をアントニオ・デ・ベガは付けています。これは、柔らかく風味のある仔豚肉の生産に、麦が育つ良好な農地が必要であることを意味するのです。

ちなみにスペインのみに生息する、最高品質の豚はセルド・イベリコ cerdo ibérico（イベリコ種）と呼ばれ、古くはケルト種がスペイン南部に分布したのに対してスペイン北部を中心に生育していましたが、現在は逆にスペイン中西部から南東部に分布しています。

ただし今述べているアサードの世界においては、仔豚の丸焼きの風味は豚の品種よりむしろ育てる乳の質と日数が味の決め手となりますから、イベリコ種の分布の中心であるエストゥレマドゥーラ地方やアンダルシア西部までコチニージョを求めて行く必要はないわけです。

一方スペインで最も代表的な肉料理とも言えるコルデーロ・アサード cordero asado（仔羊のアサード）は、国中ほとんどどこでも食べることができますが、その素材の質の差は、地方によってきわめて大きいものがあります。なかでも先に述べた一歳以下のレチャッソに関して最高の産地とされるのは、ブルゴス、セゴビア、ソリアの三つの地方です。

例えばブルゴス地方のアランダ・デ・ドゥエロは、古くからコルデーロ・アサードで有名な町です。この町がドゥエロ川の恵みを受けた沃野の中心に位置し、高級ワインとして人気のあるリベラ・デ・ドゥエロの産地としても知られていることを考えると、全体に乾燥した気象条件にあるカスティーリャ地方の中でも、比較的豊かな水量を持つ限られた地帯が仔羊の産地として挙げられていることに気付きます。

カスティーリャ以外での仔羊の産地として評価の高いリオハ、ナバラ地方が共に有数のワイン産地であることも、それを裏付けています。マヌエル・バスケス・モンタルバンの「草が生えている所で育った仔羊なら、スペイン中どこでもおいしい」という言葉が大袈裟に聞こえないためには、この国には草も繁らないほどに乾燥した気候の地方がいくつも存在するということを、理解する必要があるでしょう。

ハビエル・ドミンゴは「調理法における時の歩みの遅さ」の例として、十九世紀の仔山羊のアサードのレシピが、その三世紀前のものと何ら変わりないことを挙げています。一方ミゲル・エスピーネも、ルネッサンス以降のヨーロッパ・ガストロノミアの進展がスペインで普及するのに多くの世紀が費やされたことを、アサドールの変遷に例を引いて述べています。

確かに、アサードはスペイン料理の歴史のなかで進化が最も遅く、しかもその進化が必ずしも諸手を挙げて歓迎されていない唯一の調理法と言うことができるでしょう。そしてそのアサードが、今もスペインの食生活において大きな比重を占めているということが、スペイン料理を「原始的な郷土料理」として蔑視する間違ったきっかけを、ヨーロッパの他の国々に与えているのかもしれません。

そこで次章ではその他の国々、とりわけ料理文化に関してはスペインに対する優越感を隠さないフランスにも先駆けてスペインが持っていた調理法、カスエラについて述べていきます。

第二章 カスエラ cazuela

1. カスエラの誕生

デンマークの生んだ世界的な作家H・C・アンデルセンは、一八六二年にスペインへ旅した紀行文のなかで、幾度も食事の豊かさとおいしさを称え、そこにこう付け加えています。

「それがすべて、なにもかもまずくて食べられるものなど何もないと言われていたスペインでのことなのだ」(鈴木徹郎訳)

北国生まれのアンデルセンが地中海の豊かな果物に感動したのは当然のこととしても、料理そのもののおいしさ、その豊富な種類とたっぷりした量にも、彼が感銘を受けたのは確かなようです。

逆に言うなら、彼にかくも意外な驚きを与えたほど、当時のヨーロッパ諸国におけるスペインの食生活の評価、あるいはスペイン料理の位置付けは低かったのだと思わなくてはなりません。スペインの側から言わせるなら偏見と呼びたいような、この評価を分析するには、フランスとスペインとを、歴史的な状況から比べてみる必要があるでしょう。

かたや、ルイ王朝という宮廷文化の爛熟しきった時期と、それに続いてアントナン・カレームに代表されるような料理人たちの台頭を促した市民文化の発達という、料理文化の発展上きわめて恵まれたルートを辿り、当時ガストロノミアの分野においてトップとされていたフランス。そして、同じ時期に不安定な政権の交代と多くの戦争にはさまれて、安定した食文化を築くことなく混沌の時代を過ごさなければならなかったスペイン。この両者には明らかに相違点があります。

さらに遡るなら、フェニキア、ギリシャ人に始まって、地中海側からローマ帝国の一部として発展した時代、カルタゴ、西ゴート、さらには数百年に及ぶアラビア人の支配と、このイベリア半島を通過し、あるいは占領し、あるいは住み着いた民族のリストを見るだけで、スペインがいかに混血種の文化を持っていることがわかります。だからこそその食文化も、単純に後進か先進かという基準で割り切るわけにはいかないのです。

その上、中世の混沌の時代の唯一の収穫であるアメリカ新大陸到達がもたらすはずであった富も、その時期の王家であるハプスブルグ家が領地維持のための戦争に明け暮れていたため、肝心のスペインにはほとんどとどまらずに費やされてしまいました。こうして歴史的状況を辿っていくと、スペインが一時期のパリ、ウィーン、あるいはベネツィアのような繁栄の時を迎えることなく、移動宮廷とそれに続く新興の首都マドリードしか持たず、食文化を円熟させるべき機を逸してきたことが納得できるでしょう。

つまりスペイン料理は、豊かな食材、民族的にも変化に富んだ料理形態、地理的に必然となった地方ごとの食生活のはっきりした個性など、いわばすべての優れた資質を持ちながら、ただそこに欠けているのは、それらを系統立てて料理の体系を築くべき時間——そしてその時間がもたらすはずであった洗練だけだと、言ってもいいのではないでしょうか。

そのスペイン料理の持つ特徴とも言うべき「洗練には欠けるが歴史的なオリジナリティーを持ち、この国で生まれ育った調理」という条件にそのまま当てはまるのが、「カスエラ cazuela」による調理です。

カルロス・デルガードの料理用語辞書には、カスエラは「深さより面積の大きい調理什器。またはその鍋による、肉あるいは野菜を土台とする煮込み料理」とあります。一般的に、現代のスペインでカスエラと呼ばれるものの大部分は素焼きの土鍋のことで、カスエラ・デ・バロ cazuela de barro というのが正式な名前です。またその土鍋を使った料理をも、多くの場合そのまま鍋の名を取ってア・ラ・カスエラ a la cazuela と呼びます。

ア・ラ・カスエラという調理法は、「比較的少量のソースと素材を、土鍋のなかで共にゆっくり弱火で煮込んだ料理」というような意味です。これは、そのままカスエラそのものの持つ特質を表していると言っていいでしょう。

カスエラという言葉がスペイン語の本に初めて現れるのは一四九三年で、これは、この言葉が現在と同じような鍋の名として記されている最古のものと思われます。ファン・コロミーナスの『カスティーリャ語の語源及び評論辞書』によると、カスエラはカソという言葉を語源として、古いイスパニア語からきた言葉であると推定していますが、この時期にカスティーリャ語とカタルーニャ語以外にはこの言葉の記述がまだ現れないことからも、この説は妥当なものでしょう。フランス語、あるいはイタリア語にこの言葉が登場するのは、はるかに後の時代のことです。

初期のカスエラは、他の大きな器、例えばオーリャなどからスープや液体を取り分けるための什器で、直接火にかけることはせず、そのまま食べるための器としても用いたようです。その後、調理そのものにカスエラを使う現在のような用途に変化し、一五二五年のルペルト・デ・ノーラの本ではすでに、カスエラはひとつの重要な調理法として充分に活用されています。

当時のカスエラは、現在と同じような形を持ち、その素材も一般的には土鍋であったと思われます。ただし、貴族や宮廷の調理場においてはほぼあらゆる食器、什器に銀のみが使われていたという記録も事実であり、カスエラも銀製であった可能性は否定できません。しかし、その時期の宮廷料理人のレシピを見ると、土鍋を想定しているとしか思えない調理もあり、やはり一貫して、素焼きのカスエラでなくては作れない料理、カスエラ独自の調理法というものは存在していたと思われます。

ここで改めて、スペインにおけるルネッサンス、またはバロックの時代にすでに登場していた調理器具と、その調理法を並べてみましょう。まずスープなどを煮るオーリャ。肉を焼くアサドール。揚げるためのサルテン sartén（フライパン）。そして煮るためのカスエラというのが、その概要です。アサドールとアサールという言葉についてはすでに説明しましたが、オーリャでの調理を表現するエルビール hervir とカスエラのそれを指すギサール guisar を区別するために、少し定義付ける必要があるでしょう。

エルビールとは元来煮立てる、煮沸するという意味であり、たっぷりした量の水またはスープのなかで、肉や野菜などを煮るのがオーリャの調理です。コセール cocer という動詞もオーリャと切り離すことができませんが、これも水で茹でること、煮ることから広く火を通すという意味にも使われます。

それに対して、カスエラの場合のギサールは、日本語に訳すと同じ「煮る」という言葉をあてるしかないのですが、むしろ煮込むというニュアンスを持っています。この場合、煮るための液体は水またはスープではなくてソースになり、オーリャのように探さの優先した鍋ではなく、表面積が広くて浅いカスエラが必要とされてきます。

即ち、カスエラによる調理の発達とは、ソースによる調理、そしてワインを用いた調理の発達をも意味することになるのです。同じ観点から、カスエラによる調理はほとんどの場合蓋をしないということも、すでにこの頃から定着した形であったと思われます。

もうひとつ残った調理法、フレイール freír は、日本語の「揚げる」にほぼ相当する油による調理法ですが、これについては次章で触れるとして、ここで注目したいのは、この時代にスペイン料理の主な調理法はすべて出揃っていたこと、その調理器具もほぼ現在と同じ形態になっていたことです。それ以後には、薪から炭へ、さらにガスから電気へというエネルギー源の変遷こそあれ、調理そのものにも器具にも、根本的な変化はなかったと言っていいでしょう。

ただ、器具の素材の移り変わりのなかで、ヨーロッパの大部分の国で素焼きの土鍋がほとんど使われなくなった後も、スペイン料理だけはそれを使い続けてきました。現在も多くの料理人が、なくてはならない調理器具としてカスエラ・デ・バロを使用しています。そして、さらにはスペイン料理だけが、カスエラを調理に使うと同時にそのまま食卓に供することができる器として現在まで扱ってきています。

こうした事柄は、スペイン料理をヨーロッパ諸国の料理のなかではっきり性格付けているひとつの大きな要素であると言っていいでしょう。カスエラの存在は、そのまま多くの伝統的なスペイン料理の存在要因でもあるのです。

ではこれから、十六世紀以降のスペインの代表的な料理人たちが、どのような形で、どのような素材を使ってカスエラによる調理に携わってきたかを見ていきましょう。

2. カスエラ調理の変遷

一五一六年にカルロス一世、神聖ローマ帝国皇帝としてはカルロス五世と呼ばれる王がスペイン王として即位してから、フェリペ二世、フェリペ三世と続いて一七〇〇年にカルロス二世が亡くなるまでを、スペインではアウストゥリア王家（ハプスブルグ）の時代と呼びます。この期間のとりわけ前半の百年余りは、スペインが国際社会のなかで最も発展を遂げた時代でした。

文化的にもこの時期はシグロ・デ・オーロ Siglo de Oro（黄金の世紀）と呼ばれ、文学の世界ではセルバンテス、ロペ・デ・ベガなど、美術ではエル・グレコ、ベラスケスなど、スペイン最高峰の芸術家たちの多くがこの頃登場しています。料理の分野でも、国が最も潤い、やがて来る没落の気配は含みながらも一応安定したこの時期に、優れたコックたちが現れたのは当然のことでしょう。

しかしながら、この時代の「スペイン料理」の記録を見る上で、留意しておくべき問題があります。例えばカルロス一世の時代には、その領地は、父方のオーストリア、フランドル（オランダの低地地方）、母方のアラゴンとカスティーリャとナバラ（すなわち現在のスペインの母体）、ミラノ、シチリア、サルディニア、さらに新大陸にまで及びました。その息子のフェリペ二世の時には、ポルトガル、アフリカの一部、インド、台湾、マカオまでがスペイン領となります。

ほとんど世界帝国と呼んでもいいこのスペインの最盛期には、本国のみならず世界各国で修業し、また活躍する料理人が数多く現れました。ですから彼らの料理の内容に、〝ここまでがスペイン料理〟という線を引くことができないのは、当然のことでしょう。そもそもこの時代のヨーロッパにおいての国境線は、まだまだ政治と戦争の動き次第で変わる流動的なもので、現在我々が思うほど固定したものではなかったのです。

例えば、一五二五年に料理の本を出したルペルト・デ・ノーラの場合も、彼の肩書は「ナポリ王フェルナンドの料理人」となっています。この時点でナポリはアラゴンの属国でしたから、カタルーニャ人であったノーラがナポリで作っていた料理を、イタリア料理として扱ってもスペイン料理と言い切っても、いずれにしても多少の無理が残ります。スペイン料理におけるナショナリズムの台頭には、スペイン・ブルボン王朝の始まる十八世紀から、その帝国の衰退後の十九世紀を待つことになるのです。

このノーラの本と、十七世紀のスペインの代表的料理人マルティーネス・モンティーニョの本、さらにディエゴ・グラナドの本を見比べると、彼ら三人のキャリアの違いがその料理の内容に――とりわけこの章のテーマであるカスエラの料理の扱いに興味深い違いとして現れていることがわかります。

まず、一五九九年出版のグラナドの本と、一六一一年のモンティーニョの本を比べてみましょう。カスエラを使った調理をその数で比較するなら、グラナドの本には二つしか見つからないのに対して、モンティーニョは一二以上の料理にカスエラを用いています。なおかつカスエラの利用範囲も、グラナドの場合は魚料理だけに限られているのに対して、モンティーニョは野鳥、肉類、野菜類など、ほとんどすべての材料の部門でカスエラを登場させています。

この二人の違いは、フェリペ三世に仕えて常にスペイン宮廷にあったモンティーニョと、イタリア、ドイツ、フランスなどでの修業の後スペインに戻ってすぐに本を書いたグラナドの、料理センスの違いと見て間違いないでしょう。つまり、この時代のスペインではカスエラがすでに馴染み深い調理器具であったこと、一方フランスやその他のヨーロッパの国々ではまだカスエラが登場していなかったことが、この例からもわかるのです。

実際、フランスの料理の本にカスエラすなわちキャセロールという言葉が現れるのは十九世紀のことで、そこにはカタルーニャ発祥の料理としてのコメントも見られるのですから、カスエラの起源がスペインであるという前に述べた説は、ここでも立証されていると見ていいでしょう。

フランスの本で、そういった煮込みのための調理器具として示されているのはマルミット、スペインで言うマルミタ marmita です。これは金属製の深さのある鍋ですから、カスエラよりはむしろオーリャの系列に属します。

スペインの北部でもマルミタはよく使われますが、その調理はたっぷりした水分を用い、カスエラのように浅く分厚い土鍋全体のゆっくりした熱伝導を利用したものとは趣を異にします。さらに言うなら、スペイン料理においてマルミタを使用する頻度とカスエラのそれでは、比較にならないほどカスエラが大きな部分を占めているのです。

ただし、ここでモンティーニョが宮廷料理人であったことから、ひとつの疑問点が出てきます。前にも述べたように、カルロス一世の調理場ではすべての什器は銀製であったという記録があり、彼の料理人バニュエロも、その次のフェリペ二世の料理人スアレスも、そしてフェリペ三世の料理人であるモンティーニョも、土鍋など使わなかったのではないかという疑問です。

確かにこの時代、宮廷に限らず庶民に至るまで銀器は大切な意味を持ち、富裕の程度を示すシンボルでさえありました。例えばこの頃の小説には、銀器を借りてきて金持ちを装って人をもてなす話が面白おかしく風刺されていたりします。原則的に見て、モンティーニョの働いていた王の調理場は、銀製の器具に溢れていたと見るべきでしょう。

そこで、モンティーニョのレシピのひとつを参考に、これが土鍋を使って想定されているか、それとも銀製のカスエラなのかを探ってみましょう。

「鶏を一羽、鍋（オーリャ）で茹でたあと切り分ける。トシーノ（豚の脂身）を少々刻んで、タマネギのみじん切りとともに炒める。鶏肉をカスエラに並べ、トシーノとタマネギをかける。その上に、トリュフ、レタスの芽、またはアスパラの先などを、いずれの場合もまず茄でてから載せる。調味して、オーリャの茹で汁をかけてわずかに煮立たせる。小麦粉少しと卵黄四個と少量の酢をかけて、煮立てずにとろみを付け、刻んだパンを回りに散らし、少量の砂糖とシナモンを加える」

これを見ると明らかに、モンティーニョは、強く煮立てずに加熱してソースの濃度を増すという用途のためにカスエラを使用しており、なかに入れる材料は鳥も野菜も全部、オーリャで加熱調理してから加えるように指示しています。これは、素焼きのカスエラの持つ性格を充分に生かした使い方であり、やはりここで使われていたのは土鍋であったと私は推測したいと思います。

食事に極端な執着を示す王の多かったこの王家の歴代の王の一人として、フェリペ三世も、銀器揃いの富のデモンストレーション以上に、おいしく調理すること自体を彼の料理人に要求したに違いないと思うからです。

一方、モンティーニョから一世紀近く遡るノーラの本には、カスエラの調理はさらに多く、料理の名前にエン・カスエラ（カスエラで）と付けられたものだけでも一七個にのぼります。これは、ノーラの出身がカスエラの発祥地カタルーニャであることで説明できるでしょう。

カスエラの使い方自体も、モンティーニョとは違って、生のままの素材にソースをかけて直接カスエラで加熱する場合も多く、よりバリエーションに富んでいます。ノーラの本の特徴のひとつは、魚料理に多くのページを割き、また魚の種類も豊富に扱っていることですが、その魚の大部分についてカスエラによる調理法が記されています。これは、ノーラにとってカスエラは何よりもまず、魚料理に欠かせない手段であったことを示していると見ていいでしょう。

素材に関しては、滞在先のナポリで取り入れたより多くの魚を用い、その調理に際しては、生まれ故郷カタルーニャの伝統的な手法、カスエラを多用するというノーラの姿勢は、この時代のスペインの世界的な拡大と、それに対するスペイン人の適応の仕方のひとつの象徴的な見本と言えるかもしれません。

こうしてカタルーニャに始まったカスエラ料理は、ほどなくスペイン全土に広まり、スペイン料理体系の確立と共に、代表的な調理法のひとつとして位置付けられていくのです。

3. 現代のカスエラ

スペインで出版される料理の本は、マドリード系の著者とカタルーニャ系の著者のグループに大別されますが、スペイン最古の料理の本の筆者ルペルト・デ・ノーラを例に挙げるまでもなく、カタルーニャ文化圏の優勢はこの分野でも否定できないようです。

料理関係の雑誌の出版社の大部分がバルセロナに拠点を置いていることからも、専門家のための調理学校の充実からも、地中海に面したこの地方のガストロノミアにおける貢献度を疑うわけにはいきません。ただ多少問題を感じるのは、この地方の人々の愛国心の強さのあまり、それらの著述がカタルーニャ偏重の傾向に陥りやすく、スペインのガストロノミアにはカタルーニャ地方しか存在しないような感を与えるものもあるということです。つまり公平度という観点からいえば、マドリード系の著者たちは、はるかにフェアにスペイン料理の全貌を見ていると言っていいでしょう。

カスエラは、カタルーニャをルーツとはするものの、今や疑いなくスペイン全土で普及した調理法となりました。したがって、どんな料理の本でもスペイン料理を網羅したとうたっているならば、カスエラが登場しないということはまずあり得ないわけですが、とりわけカタルーニャ系の料理の本では、あらゆる分野でカスエラが使われていると言っても言い過ぎではありません。

ノーラは十六世紀初頭にすでに、魚類をはじめ、野菜、米、肉などあらゆる素材をカスエラで調理していたのですから、言い換えればその頃から、カタルーニャ料理のなかでのカスエラの占める比重はさほどに大きかったのです。ノーラのレシピのなかのいくつかは、現在もカタルーニャでほとんど変わらずに受け継がれています。

「イワシのカスエラ sardinas en cazuela」という料理を例に取って、比べてみましょう。

「よく脂ののった鰯を選んで洗った後、胡椒と生姜とサフランをよくつぶしたもの、パセリその他の香草、松の実、アーモンド、干しブドウを鰯とよく混ぜて油と共にカスエラに入れ、オーブンか炭火で調理する」

というのがノーラの作り方であり、

「カスエラにトマトソースを入れ、洗った鰯と、赤ピーマン、タマネギ、ニンニク、パセリをよく刻んで塩、胡椒、サフランで調味したものを、半量ずつ交互に重ね、油をかけて弱火で調理する」

というのが、現代のアナ・マリア・カレラという著者のレシピです。鰯を生からカスエラで調理するという、基本的な調理法は全く変わっていません。材料で大きく違うのは、現代のレシピはトマトをベースにしていること、ノーラの使っていた松の実などの乾果というエキゾチックな素材が影をひそめてピーマンやタマネギが登場してくるあたりでしょう。調味の基本は、コショウとサフランというカタルーニャに特徴的なものが二つとも変わらずに使われています。

二人の相違点は、それぞれの好みという点を別にすれば、「新大陸到達」という出来事が答えとなります。トマトもピーマンも、一五三〇年代後半から徐々にアメリカからスペインへ到着し始めますが、普及するまでにはさらに歳月を必要としました。つまり、十六世紀の料理人たちにとっては、これらはまだ存在しない食材だったのです。同時に、スペイン料理に不可欠と言ってもいいタマネギも、十七世紀頃までは下賤な食べ物とされて高貴の食卓にはのぼらなかったこと、逆に高価な調味料であったコショウは、本には出てきても一般には使われていなかったことも付け加えておきましょう。

カスエラを使った料理として十六世紀頃から登場してくるものに、エスカベッチェ escabeche（エスカベージュ）があります。これは、コロミーナスの辞書によれば、「肉や魚にかけて保存するための酢や塩で調味したソース」を意味するイスカペグというアラビア語をルーツとする言葉で、スペインでそのソースをかけた料理自体を意味するようになったといいます。

確かにこれは、アラビアの影響をもとにスペインで完成された数少ない料理のひとつと言えるでしょう。アラビアの料理手法は大部分スペインには根を下ろさずに消え去ったのですが、その中でエスカベッチェだけはスペイン人の嗜好に合い、またカスエラという調理器具を得て一層普及したものと推測できます。

この料理も、数世紀前のレシピと現在のそれに大きな違いはありません。

「一度揚げた鱒に、酢と香草をベースとして蜂蜜を加えたソースをかけ、カスエラで弱火で煮る」

というのが、フェリペ三世に仕えたモンティーニョのレシピですが、蜂蜜を加えるというこの時代独特のアグリドゥルセ agridulce（甘酸っぱい味）の嗜好さえ削れば、そのまま現代に通用します。

カタルーニャ以外の地方でのカスエラ料理を見てみましょう。隣接するバレンシア地方はスペイン随一の米の産地ですが、ここでは当然、カスエラによる米料理が発達しています。パエーリャと呼ぶ専用の鉄鍋を使用する一連の米料理に対して、土鍋の保温性とゆっくりした加熱を生かしたカスエラの調理は、米をよりしっとりと焼き上げる特徴を持ち、とりわけ水分の必要量の多い野菜類を中心にした米料理に使われています。

丸ごとのニンニクと輪切りのジャガイモを主な中身としたアロス・アル・オルノ arroz al horno、野菜と豚肉を加えたアロス・コン・コスティージャ arroz con costillas、白インゲンや大根が大量に入るアロス・エン・フェソル・イ・ナップ arròs en fesols i naps などが、その例です。

スペイン中央部の料理でカスエラを使用するものとして挙げたいのは、ピスト pisto です。これも古くから伝わる料理のひとつですが、そのベースはトマトですから、少なくとも新大陸到達後に作られたものでしょう。

タマネギ、ピーマン、ズッキーニなどを細かく切って、ソフリートにしてからトマトでゆっくり煮込むというのがこの料理の基本形ですが、地方によって加える野菜の種類や調味のベースとなる油脂の種類などに多少の違いが見られます。オリーブ油と生ハムを味付けにしてタマネギとピーマンだけを煮るアストゥリアス風。ラードとトシーノをベースにしてズッキーニを加えるカスティーリャ風。ジャガイモの入るガリシア風、茄子の入るムルシア風などバリエーションはさまざまですが、いずれの地方でも昔からごく庶民的な料理であったことは間違いありません。

最後に卵をかけて炒り卵状に仕上げることも多いのですが、野菜をトマトの水分だけでゆっくり煮るためにも、ほとんど余熱で卵に火を通すためにも、カスエラの性質なくしては成立しない料理のひとつと言えます。

一方、魚介類の料理に関してはスペイン随一のバスク料理の世界でも、カスエラは必需品です。例えばメルルサ・ア・ラ・バスカ merluza a la vasca（メルルサのバスク風）はカスエラに油を熱し、筒切りのメルルサとパセリやアサリなど調味料として機能する食材を加えて、少量のワインかスープで煮込むという料理ですが、主役の魚そのものを加熱しながら同時にソースを作り上げていくという、カスエラの持つメリットを最大限に生かした一皿と言えます。他にも、イカの身が火力で固く煮えるのを防ぎながら墨のソースで煮込むチピローネス・エン・ス・ティンタ chipirones en su tinta、戻した干ダラをオリーブ油のなかで揺すりながら加熱することで油を乳化させて仕上げるバカラオ・アル・ピルピル bacalao al pilpil など、バスクの代表的な料理のかなりの部分は、カスエラによって成り立っているのです。

これらの魚料理の大群に比べて、肉類によるカスエラ料理でポピュラーなものは、それほど多くありません。カジョス・ア・ラ・マドリレーニャ callos a la madrileña（マドリード風胃袋の煮込み）、ポージョ・エン・チャンファイナ pollo en chanfaina（鳥肉のチャンファイナ）などのように、すでに茹でたり焼いたりした肉をカスエラに入れ、ソースをかけて比較的長時間煮込むというのが、肉類をカスエラで調理する場合の共通点と言えます。これは、調理を短時間で処理したい魚類の場合と反対に、ソースの味がよく染み込むまでゆっくり加熱したいという肉類の性質によるものです。

ところでモンティーニョの本には、やはりカスエラの料理として「松の実入り・豚の足のカスエラ」などという、塩味と大量の砂糖とシナモンで調味された不思議な肉料理が出てきます。十六、十七世紀のスペインでは、調理に砂糖や蜂蜜で甘味を加えることは、決して珍しいことではありませんでした。

そして、塩味と甘味の分離がはっきりしてくるにしたがって、一般の料理と果物や菓子が混在していたメニュー構成から、料理のあとにポストレ postre（デザート）がくるという現在のような配分への移行が始まるのです。

第四章 ポストレ postre

1. ポストレの誕生

スペインという国を語るにあたって、この国が黄金時代と呼ばれる時期を持ち、あるいは日の沈むことのない大帝国と称されながらも、その内実は決して豊かではなかったこと、だからこそスペイン料理を見ていくとき、その完成度、洗練度だけから評価したのでは一方的になってしまうということは、すでに述べてきたと思います。

　ましてデザートは、料理のなかでも最後に完成されるものと言っても過言ではありません。ですから、料理文化が完全に熟するほどの、真の意味での繁栄期を持たなかったスペインに、高度な技術のデザートや完成した製菓術を期待することは難しいと言ってもいいでしょう。

　しかしながら、スペインに安寧の時期を与えなかった歴史はまた同時に、変化に富んだ民族の変遷によって、異文化混合の賜物としての独自の料理文化をこの国に与えました。なかでもドゥルセ dulce（甘いもの、菓子）の歴史は、スペインの歩んできた歴史の多様性を象徴していると言ってもいいでしょう。

スペインの料理体系のなかでのドゥルセの位置付けを探るなら、まず古代ローマまで遡らなくてはなりません。「料理人の地位を奴隷から芸術家へと高めた」とも言われるローマの文化が足跡を記した国々は、むろんスペインだけではありませんが、カタルーニャを中心とした地中海沿岸地方にはとりわけ如実に影響を与えました。ローマ帝国において珍重されたガルム garum と呼ばれる調味料（青身の魚で作るソースの一種）の主要な産地がイベリア半島、すなわちスペインであったことから、食文化の面での交流はますます大きな比重を持つようになります。そして、肉・魚などの調理に蜂蜜で甘い調味をするというローマ独自の嗜好は、ローマ植民地のなかでも、どこよりも密接にこの地に伝えられたのです。

ローマに続いてガストロノミアに新しい要素を付け加えていくのは、ビザンチン帝国、そしてアラビア民族の台頭です。調味におけるドゥルセではなく、純粋に甘いもの、デザートにあたるものも、このあたりからふんだんに登場してきます。ビザンチンの料理体系には、すでに多数の種類のチーズが組み込まれていたこと。その流れを受け継いだアラビア系の文化が、ペルシャを通じて中国・インドなど東洋の国々の影響をも携えてスペインまで到達し、さまざまな香料とその使い方を伝えたこと。また彼らの農業がイベリア半島に灌漑法と共に砂糖黍《きび》をもたらしたことは、特記すべきでしょう。

こうして、十五世紀から十六世紀にかけてカタルーニャ語による料理関係の書物が出版され始めたとき、そのなかに顕著に現れているのは、当時のカタルーニャ、あるいはアラゴンといったスペイン系ヨーロッパの影響以上に、かつてのアラビア・ローマ系の食文化の遺産だったのです。

ここに、ヨーロッパとオリエントの接点とも言うべき、スペイン料理文化の性格がすでに形作られてきていることがわかります。一五二五年のルペルト・デ・ノーラの本にも、シナモンによる香り付け、サフラン、コリアンダーなどの香草のふんだんな使用、塩味と砂糖の混合といったその特徴がはっきり見られます。また、オレンジの果汁、バラ水による味付けというのも当時のカタルーニャ料理に頻繁に出てきますが、これも明らかに東方文化の名残りなのです。

しかしノーラの本には、未だポストレ postre（デザート）という概念はありません。それどころか、さらに時代を経て十七世紀初頭のモンティーニョの本でさえ、完全にデザートと呼ぶべきものを三皿目の料理メニューに組み入れていて、ポストレとして分離してはいません。かろうじて、そのメニューのあとに「このメニューに合わせるべき果物・チーズ」という項が記されていて、これがポストレにあたる位置であることが確認できる程度です。

つまり、この時代に至ってもまだ、菓子の類は、魚料理や肉料理と同時に食卓に供されていたのです。そしてまた、先に述べたような塩味・甘味混合の料理も、この時代にまだ数多く存在していたことを、これらの本が証明しています。

ノーラの本から、その種の味覚の料理をひろってみましょう。ノーラは好んで茄子《なす》を使っていますが、その茄子のカスエラによる調理では「肉のスープとタマネギとで茹でた後、アラゴンのチーズと卵黄を加え、生姜・ナツメグ・パセリなどで調味してカスエラで煮込み、砂糖とシナモンをかける」と書いています。このように、調理の最後に砂糖とシナモンをかけて仕上げとしている料理が、この本にはスープ系、ソース系を含めて数十種も出てくるのです。

米の料理も例外ではありません。肉汁による米料理には「塩味の付いた肉汁を煮立て、山羊または羊の乳とアーモンド液を加えて米を煮込んだ後、卵黄をかき混ぜ、砂糖とシナモンをかける」というのもあります。このレシピのあとに、「砂糖はどうしても加えなければいけないわけではないが、砂糖を加えて悪くなるという料理はないので、あとは各自の好みで」と但し書きが付いているところを見ると、砂糖を使った調理はかなり一般的であったと思われます（むろん、ノーラの個人的な嗜好もいくらか考慮に入れるべきですが）。

この本では、砂糖もしくは蜂蜜を加える料理がレシピの総数の約半分を占めている上、砂糖を使わないまでも甘いワインや果汁によってアグリドゥルセ agridulce（甘酸っぱい味）に仕上げる料理、油に至るまで甘いものをと指定されている料理などを加えると、約七〇パーセントのレシピに甘味が使われていることになります。それでいてそのなかで純粋に甘味だけの、今日ならデザートとして区別するであろうものは、料理の狭間に点在しながら一〇パーセントにも満たないのです。

この時代に砂糖はまだ貴重品でしたから、王の料理人であるノーラがふんだんに使っているからといって一般庶民の食生活を同レベルで推測することはできません。ただ、砂糖もしくは蜂蜜を料理に使うという嗜好は、この時代に始まって、長い年月のあいだ、スペイン料理の味覚の一角を成してきたと見ていいでしょう。現に、地中海沿岸のムルシア、バレアレス地方には、今でもこの種の嗜好が受け継がれています。

しかし、当初は単純に果物かチーズでしかなかったポストレは、調理への甘味の添加が次第に流行らなくなっていくのと反比例して、少しずつ充実していきます。そのひとつの頂点として『アルテ・デ・レポステリーア』、つまり製菓術だけを専門的に取り上げた本が一七三六年に刊行されます。

この本の著者ファン・デ・ラ・マタの肩書は、レポステーロ reposteroとなっています。当時のこの職名は、王家に仕えて製菓一般を取り仕切り、職人を指導する役職で、貴族の家柄でなくてはならない時代もあったと言われます。即ち、これ以前の時期にコシネーロ cocinero（料理人）とレポステーロは別々の専門職としてすでに分化していたこと、甘いものを料理と切り離してあとで出すという発想もこの頃には定着しつつあったことが明らかにされているのです。

ちなみに、エスパサ・カルペ版の現代の百科事典でのレポステリーアの語意は、「粉・油脂・卵・砂糖・アーモンド・はしばみ・香料その他の材料を用いて菓子類を製造する作業」という解説で始まっていて、スペインにおける菓子という概念の一端に触れていて興味深いものがあります。

しかしながら、これは製菓術という狭義でのレポステリーアの意味であって、一般的には「甘いもの・練り菓子・惣菜・腸詰め類・ある種の飲み物などを作り、販売する店」という意味になります。つまり、菓子を売る店で、惣菜などの料理をも売ることが、スペインでは最初から定義の中に含まれているのです。ここで、中世のスペインで唯一のかまどの所有者であったパン屋、ないしは菓子屋が、甘い菓子類のみならず、料理や肉類の一部も主要な売り物として扱っていたことを、想起しなければなりません。

中世のみならず、ムルシア地方の菓子店では現在もなお、甘いパイ皮に肉料理を詰めた、デザートとも料理ともつかないパイを十七世紀以来の伝統通りに作っています。そこには塩味と甘味の混合という嗜好と、料理と菓子の混在という中世の食習慣が、今も受け継がれているのです。

続いて、マタの本を起点に、アラビア文化からキリスト教へ、そしてアメリカ大陸到達を経て中世から近代へと時代が動いていくなかで、ポストレという概念がスペインで変化してきたプロセスを辿ってみましょう。

2. ポストレの変遷

ファン・デ・ラ・マタというレポステーロの経歴は、マタラビージャという村生まれのカスティーリャ人であったこと、マドリードを拠点として活躍したらしいこと以外詳しく知られていません。しかし、彼の本は歴史上貴重な製菓の専門書として、十八世紀前半のスペインにおけるポストレの概要をかなり正確に伝えています。

そこに登場する豊富な種類のポストレのなかで、とりわけ多くのページ数を与えられているのは、やはり果物によるバリエーションです。やはり、というのは、スペインにおける果物の豊かさと質の良さはヨーロッパ中で歴史的にも定評があり、この国を訪れる旅人がその果物に賛嘆の意を表する言葉は、どの時代にも例外なく残されているからです。

その果物系のポストレと、イスラエル及びユダヤからの伝統を受け継いで発展した小麦粉を用いたポストレという二つが、この本の基本的な主流と言えるでしょう。

まず各種の砂糖の取り扱い方がこの本の第一章を占めていることに、注目したいと思います。かつて貴重品であった砂糖が次第に普及し、製菓において第一義的な食材としての位置を占めるようになったのは、マタの時代からそんなに遡った昔ではないからです。

ローマ帝国以来の蜂蜜を使う伝統は、すでに述べたようにカタルーニャ地方を中心とする地中海沿岸に長く定着しましたが、それ以上に蜂蜜を多用する製菓をイベリア半島に普及させたのは、イスラム文化でした。

キリスト教徒がイスラム教徒たちを放逐し、あるいは改宗させた後も、その文化の影響はさまざまな形でスペイン全土に残されました。なかでも揚げたり蜂蜜をかけたりするアラビア系の菓子とその嗜好は、スペインの庶民文化の中に深く浸透して根を下ろしたのです。

それに対して、砂糖の使用を大きく一歩推進させたのがアメリカ大陸でした。新大陸での砂糖黍の栽培が成功すると同時に、スペインのポストレは新しい展開を始め、その集大成がこの一七三六年のマタの本になったと言ってもいいでしょう。

砂糖の一層の普及と価格の低下は、テンサイ（砂糖大根）からの砂糖の精製が発見されて工業化される、十九世紀初頭を待たねばなりません。

マタの本に、とりわけ何種類もの精製法が書かれていることは、当時の砂糖が精製し直してから使用しなければならなかったこと、しかしながらすでに、ポストレには良質の砂糖が不可欠のものとなっていたことを明らかにしています。

こうしてスペインのポストレは蜂蜜だけの使用から、蜂蜜と砂糖の併用の時代へ、砂糖重視の時代へと移行していくのです。

十七世紀初頭の作家セルバンテスの「砂糖と蜂蜜で作られる、沢山のおいしいもの」という言葉は、当時のスペインの菓子、あるいはポストレの一般的なイメージを象徴していると言えるでしょう。

砂糖に続いて解説されるのは、一年の各月の仕事です。季節の果物や花を用いて製菓職人の作るポストレ、あるいは作っておくべき保存食品などが説明されていますが、その特徴的なものをいくつか挙げてみましょう。

まず、三月、四月の仕事として、すみれの花の活用が述べられています。これは、ジャム、砂糖漬け、ペースト、シロップなどあらゆる形で利用すべきだというもので、焼き菓子その他、各種の菓子にすみれの香りを加えることが好まれたことがわかります。

また五月には、若いアーモンドや胡桃を砂糖煮やペースト状にして保存するよう勧めています。オレンジの花を干して、あるいはジャムにして一年分保存するのが六月の仕事となっているのは、オレンジの香りをあらゆる調理に用いるほど好んだこの国の伝統としては、当然のことでしょう。八月に胡瓜、アルカパラ（ケイパーの実）、ピーマンなどを冬のために塩と酢で漬けておくようにと書いていることからは、その種のピクルス作りも製菓職人の仕事の分担に含まれていたことが推測されます。

この本で取り上げているのは、あくまで加工して菓子にする果実、保存するための果実だけですが、それでも五月の青いブドウに始まって一、二月のレモン、オレンジに至るまで、ほぼあらゆる種類の果実が登場しています。

太陽の恵み豊かな、ほぼ年間を通して新鮮な果実に不自由しないスペインにして、これだけ多くの種類の果実が加工され、また保存されていたのです。これは、ポストレとしての果実の存在がいかに重要であったかということ、言い換えれば果実なくしてはポストレが考えられなかったからこそ、そのまま食べるだけでなくさまざまに形を変えて供する必要があったことをはっきりと伝えています。

これらの果実の中には、ブドウやイチジクのようにギリシャから、あるいはアンズ、サクランボ、ザクロのように小アジアからローマへと伝わったもの、その他メロン、桃、レモンなどローマ帝国の時代から栽培されてきた果実もあれば、比較的最近ヨーロッパの食生活に登場した果実もあります。

例えばパイナップルは、アメリカ大陸到達によってヨーロッパに紹介された果実のひとつです。マタは、これを生で、あるいはシロップに入れて食べるよう紹介してはいますが、まだ彼にとって目新しい扱い慣れない果実であるらしく、それ以上のバリエーションを利用した菓子は出てきません。サクランボ、スモモ、ナシなどが実にさまざまな形で利用されているのに比べても、パイナップルを始めアボカド、マンゴーなど新大陸伝来の果実がスペインのポストレのなかで市民権を得るのは、まだかなり先のことなのがわかります。

料理の分野では、スペインからアメリカへ持ち込んだ鶏がかの地で普及するより早く、アメリカから到着した七面鳥がヨーロッパでブームになったと言われます。しかし菓子の世界では、アメリカ生まれの果実がスペインの菓子に与えた影響より、アメリカでの栽培によって砂糖の普及度が上がったという功績のほうが、はるかに大きな価値を持っていたと言えるでしょう。

新大陸由来の食材について語るなら、見落とすことができないのはチョコラテ chocolate（チョコレート）の伝来です。当初のチョコラテは菓子としてではなく、ベビーダ bebida（飲み物）

として到着しました。

新大陸に移住したスペイン人社会でこの飲み物はすっかり定着し、とりわけ女性たちのあいだでの人気は話題になるほどだったようです。アレクサンドル・デュマはスペイン旅行記のなかで、メキシコでのチョコラテの流行が教会までも騒がせたエピソードを、面白おかしく記しています。温かい飲み物としてのチョコラテの流行は、スペインを経てイタリア、フランスへと拡大されていきます。

マタの時代にはすでに、菓子の素材としてのチョコレートの利用も一般化していました。彼はチョコレート入りのビスコッチョ bizcocho（小麦粉を使った焼き菓子）、パスティーリャ pastilla（キャンディに似た砂糖による練り菓子）などのレシピを書いています。なかでもビスコッチョは、果実のポストレと双璧を成す小麦粉によるポストレの代表的なもののひとつとして、特に注目したいと思います。

小麦の栄養価に注目して多用したイスラエルの伝統が、スペインにおけるルネッサンスの仕掛け人ユダヤ民族によってイベリア半島に持ち込まれたとき、小麦粉を用いたポストレの歴史が始まります。ビスコッチョとは語源的には「二度焼いたもの」という意味で、本来は保存用の堅焼きパンのことであったと言われます。

やがてそれは小麦粉と卵と砂糖で作った焼き菓子に変わり、十五世紀後半のスペインの修道院の記録にはすでに、現在のビスコッチョとほぼ同じタイプのレシピが記されています。

ちなみに、このビスコッチョがポルトガルを経て日本に渡り、カステラの原型となったという通説は余りに有名です。「カステーリャ（当時のスペイン国）の菓子」というポルトガル語から「カステラ」になったという説は、ほぼ無理のない意見と見ていいでしょう。とりわけ、この時代にスペインの修道院がビスコッチョを含む菓子の類を信者のために作っていたこと、日本にそれを伝えたのも宣教師であったと思われるあたりに、この説の説得力があるようです。

キリスト教を旗印に掲げたカスティーリャ国は、ユダヤとアラビアという当時のスペインを知識、経済両面から支えていた二大民族を、宗教の名のもとに一掃します。しかし皮肉にも、キリスト教の儀式や祭礼のために作られる菓子は、いずれもユダヤかアラビアをルーツとするものばかりでした。教会を中心に普及したそれらの菓子は、スペインの各地で、生活に密着した形で受け継がれてきています。

3. 各地方のポストレ

スペインの中世における食生活を探るとき、王家、あるいは貴族階級という当然の中核に次いで見落とすことができないのが、修道院の存在です。国家という区分さえそれほどには確立せず変動することの多かった数世紀のあいだ、庶民を直接統《す》べる力を持ち、しかも安定した経済力に支えられた教会は、その影響をスペイン人の生活に深くくい込んだ形で残したのです。

わけても食生活の分野では、現在も修道院の料理・菓子として各地方に受け継がれているもの、あるいはキリスト教の祭事の菓子として伝わるものの分布を眺めると、キリスト教がイベリア半島全土に再び定着していった過程を記すかのように、地方ごとの特色が浮かび上がってきます。イスラム支配が最後まで残ったアンダルシア地方に、最もアラビア色の濃い菓子が多く伝えられているのは、当然のことでしょう。そのなかのひとつ、アルファホール alfajor は、ウエルバ県の小さな村エル・ロシオの祭りで売られる習わしから定着して、アンダルシア中で祭りの菓子となりました。ロシオの祭りとは、聖母マリアを祀るスペインカトリック独自のものですが、この菓子はアラフ arajú（アラビア語でアーモンド）、胡桃、蜂蜜などで作られるアラビア菓子の一変形で、名前、由来共にイスラムのものです。

同様に、ペスティーニョ pestiño という揚げ菓子もアラビア起源ですが、蜂蜜をかけるアンダルシア風から、北に行くにつれて砂糖を使うようになるところに、アラビア文化の影響力の強さの違いを推測することができます。

その他にも、セビーリャ近県の修道院で今も作られている菓子の半数以上は、アーモンド、蜂蜜を主材料とするアラビア系、残りは小麦粉を使ったユダヤ系ということができます。例えば、ユダヤ人の根拠地のひとつであったカスティーリャ地方トレドに残るトルタ torta（小麦粉を使う焼き菓子）のレシピは、セビーリャ、及びコルドバの修道院に昔から伝わるというレシピと、全く同じタイプのものです。

これらの修道院のなかには、現在菓子作りを収入源としての仕事にしている所もありますが、それもここ数十年来のことで、それまでは祝祭日に作り信者に与える、あるいは信者からの依頼で作るという形を取っていました。

そのなかで特に菓子作りに古い歴史を持つセビーリャのサン・レアンドロ修道院では、数世紀前からジェマ yema を作っています。これは卵黄と砂糖だけで作られる練り菓子で、十七世紀の記録にすでに、教会への寄進の返礼としてこのジェマを贈るという手紙が見られます。

この菓子だけは、たとえアラビアにも似たタイプのものがあるにせよ、純粋にスペイン生まれという説にうなずいて良さそうです。ジェマは、中部カスティーリャ地方のアビラ、ソリア近郊などのものもよく知られています。

アラビア系の菓子の北限は、イスラムの支配のそれと一致することになります。最盛期にはほぼイベリア半島全域を支配した彼らの足跡は、対するカトリックの最後の砦、そして最初の反撃の拠点となったアストゥリアス地方を除いてスペイン全土に残されています。例えば、リオハ地方の小さな村に受け継がれるファルデレホ fardelejo という菓子は、薄いパイ皮にアーモンドをベースにした中身を入れて揚げたもので、名前も内容もまさにアラビア起源であることをありありと示しています。

この種のパイ皮は、バターではなくラードを用いて薄く作られ幾層にも重ねられます。フランス系の製菓によるパイとの最終的な相違は、油で揚げることでより軽く仕上げるという発想でしょう。油脂をたっぷり吸ったパイ生地、アーモンドを筆頭に干果類を取り合わせた風味は、現在もアラビア諸国で食べられているデザート類と酷似しています。

もうひとつ、アラビア系の菓子で今も伝わるものとして留意したいのは、アルモハバナ amojábana です。この名前は十六世紀の料理書にすでに出てきますが、もともとはアラビア語でチーズを土台とするトルタを意味しました。それが転じてラード、卵、砂糖で作った生地のことになり、中世の料理書ではこの種の素材で作って油脂で加熱した菓子全般をアルモハバナと呼んでいたようです。そのなかには、後にマンテカード mantecado と呼ばれるようになるもの、ブニュエロ buñuelo なども含まれていました。面白いことに、原型のアルモハバナに近いチーズを使ったレシピは、スペインでは消滅しているのに対して、コロンビア、ベネズエラなど中南米の国々ではほとんどそのまま今も受け継がれています。

ここで注目したいのは、これらの揚げ菓子をひっくるめて呼ぶのに、フルータス・デ・サルテン frutas de saltén という言葉が、かなり古い時代から使われていたことです。直訳すれば「フライパンの果実」という意味になるこの呼称は、アラビア経由でアンダルシア地方を中心に定着した菓子類がいかに油脂で揚げたものばかりであったかを物語っています。

この場合、スペイン料理全般を語る時のように油をオリーブ油と限定できないのは、動物性油脂、それも主にマンテカ・デ・セルド manteca de cerdo（ラード）がこの種の菓子では重要な味のポイントとなっているからです。

こうして見ていくと、蜂蜜中心の嗜好から砂糖のそれへ、ラードの使用からオリーブ油への変遷が、それぞれ地理的には南から北へ、時間的には中世から近代へという移り変わりを示していることがわかるでしょう。

ちなみに、フレイール freír（揚げる）という調理方法が、アンダルシアでは菓子に限らずごく一般的なもので、「海の泡まで揚げる」と言われるほどに彼らの食生活に密着したものであることを付記しておきます。

やはり中世から今に伝わるポストレとして特徴的なものに、マンハール・ブランコ manjar blanco があります。これはカタルーニャ地方を起源として、現在ではアーモンド、砂糖、米の粉などを用いたポストレを意味しますが、その初期にはよく煮込んだ鶏のスープをベースとして、そこにアーモンドミルク、米の粉などを加えたクリーム状の料理でした。鶏以外に、仔羊、ロブスターなどもそのスープに用いられたようです。ルペルト・デ・ノーラの本では「もっとも重要な三つのレシピ」のひとつとして、このマンハール・ブランコが挙げられています。

現在のレシピは、アーモンドを中心に穀物の澱粉質で冷やし固めたポストレとして、カタルーニャを中心に少しずつ形を変えながら各地に伝えられています。例えば、カスティーリャの北部ブルゴスの修道院に伝えられるものは、卵と砂糖をベースとしてアーモンドを使いませんが、これはカタルーニャ料理の世界ではマンハール・ブランコではなく、クレマ crema と呼ばれるポストレの系列と見なされるでしょう。ここでも、アーモンドを多用する地域の北限という、地理的な分布が窺われます。

北部スペインでは、アラビアの影響下にあった期間が短かったこと、スペイン唯一の酪農地方であったことから、違う系列の菓子が発達しました。そのひとつの代表が、前に触れたビスコッチョです。現存する最も古いレシピと思われるものは十五世紀の修道院のもので、四角く折った紙の器にたねを流して焼く祝祭日の菓子として、供えものとしての性格も持っていたようです。

砂糖、小麦粉、卵を原料とするこの菓子は、北上すると共にバターを加えるというスペインでは珍しいレシピへと変化し、例えばレオン州アストルガでは、バターを主原料とするマンテカーダ mantecada という菓子に変わります。同様に、アラビアの侵入を終始退けたアストゥリアス地方のポストレも、ラードを使わずバターによるものが多く、また隣接するガリシア地方の影響でケルト民族の遺産といわれるクレープ菓子が存在し、南部であれほど普遍的であったアーモンドが姿を消し、代わってこの地の名産、林檎がしばしば登場してくるのは、歴史と風土それぞれの必然と言えるでしょう。

こうしてアラビア、ユダヤの文化遺産に遡って起源を探ることのできるスペイン菓子の系譜は、今この国の国際社会への積極的な参加、近年まで料理界のトップを独走してきたフランスを追い越した感すらあるほどのスペイン料理界の活躍といったシーンに直面して、少しずつ動き始めています。食生活における極端なまでの保守性を誇っていたスペインにも、さまざまな変化、改革が起こりつつあるのです。

料理全体が洗練されてきた結果、より洗練され、変化に富むポストレが求められるようになったのは当然のことでしょう。今この国のレポステーロたちは、新しい時代に対応する新しいポストレのあり方を探して試行錯誤を重ねているのです。

ポストレの分野だけではありません。この国が持つ豊かな食材というカードで、これから先どのようなゲームが繰り広げられるのか？ 伝統という切り札から近代性、合理性という新しい切り札へと切り換えることが、はたしてスペインの食生活を真の意味で前進させるのか？ これからのスペイン料理を見ていくには、こういった数々の問題点をも含めて、スペインの食材と料理のあり方を検討していく必要があるでしょう。

第 Ⅱ 部

食材から見る スペイン料理

第五章 アセイテ（オリーブ油）
aceite

「アセイテ」とはスペイン語で植物性の油全般を意味しますが、スペイン料理の世界でアセイテと言えば、ほとんどの場合アセイテ・デ・オリーバ aceite de oliva（オリーブ油）を指します。それほどまでにオリーブ油は彼らにとって一般的かつ基本的な食材であり、スペイン料理を語るとき、オリーブ油の存在を無視して始めることはできません。

スペインの数多くの農業地帯において、オリーブの栽培は重要かつ基本的な要素です。その栽培面積は二四〇〇万ヘクタール以上に及び、従事する労働人口の多さ、木の半永続的な寿命とあいまって、この国の経済を大きく支える産業のひとつとなっています。世界のオリーブ油生産のなかでスペインが占める位置の大きさもさることながら、スペインの経済、食生活、ひいてはその文化のなかでオリーブの占める位置の重要性こそ、一考の価値があるでしょう。

イスラム半島を支配したアラビア民族は、オリーブの価値を高く評価してその作付面積を大幅に増やし、十二世紀頃にはセビーリャを中心として広大なオリーブの林を形作るほどであったと記録されています。さらに十六世紀前半にはオリーブ栽培地域の拡大はその頂点に達し、今も飛び石状に残るその先端部を繋ぐと、北部を除いてほぼスペイン全域を覆うと言っても言い過ぎではありません。こうして定着したオリーブ栽培は、アセイテ・デ・オリーバとアセイトゥーナ aceituna（オリーブの実）という二つの産物の形で、スペイン人の生活に密着して発達してきたのです。

現在、スペインの環境農林水産省によって二八カ所のデノミナシオン・デ・オリヘン・プロテヒーダD.O.P.（指定保護産地）が制定され、品質を管理して一定の水準を維持するための指標とされています。とりわけ栽培面積が多いのは南部アンダルシア地方で、スペイン全体のオリーブ栽培面積の六一パーセントを占め、そのオリーブ油生産量はスペイン全体の八二パーセントを占めるのみならず世界全体の生産量の二八パーセントという大きな比重を占めています。

代表的な産地のオリーブ油の特徴を紹介していきましょう。

アンダルシア地方ハエン近郊の産地シエラ・デ・セグーラは、最高一八〇〇メートルに及ぶ高山地帯に広がり、その多くの部分でオリーブは松の木と混ざって森林となり、畑が主に急な斜面になっていることも加わってその収穫はより高度な技術を要します。ここは、スペインのオリーブ油の特徴的な品種であるピクアルの代表的産地でもあります。この種は二・五から三・五グラムの果実を付け、急激に変化する地中海性気候にもよく耐えます。この産地の油は主に国内消費に回されていますが、古くなった時の品質の劣化が遅いというメリットを持っています。

一方バエナはコルドバの南東で、ピクード種を中心に、オヒブランコ、ピクアルなどを産するさまざまな気候条件の地域に広がっています。指定産地のなかでは、このバエナが品種のばらつきが最も大きいため、六〇パーセント以上をピクードに指定してはいるものの、残りの品種の組み合わせはいろいろです。また酸価も一パーセント以下というスペインの規定によるエクストラ・バージンの限度はクリアしてはいるものの、他の産地に比べるとやや高めなのは、気候の差による産地内での収穫期のずれが影響しているものと思われます。しかしこういった特徴が逆に、スペインのオリーブ油独自の個性と言ってもいいコントラストの鮮やかな風味を持つオリーブ油を生み出しているのは興味深いことです。

カタルーニャ地方の産地レリダとタラゴーナはいずれもカタルーニャ南部に位置し、地中海とエブロ河の支流によって気候条件に恵まれ、アルベキーナという品種を中心に生産しています。この種は乾いた大陸性の気候に弱く、果実は一から二グラムと小さいので収穫の能率から言えば有利な品種とは言えないのですが、はっきりした個性を持ち、なおかつ〇・五パーセント以下の酸価の優良な品質のオリーブ油の原料となります。また、単品種では劣化が速いという欠点も近年では改良されて、「単一種オリーブによる高級オリーブ油」という最新の傾向に最も適した種として、人気が上がっています。

その他エストゥレマドゥーラ、バレンシア、アラゴンなどの地方でも、それぞれ優れた品質で個性的なオリーブ油が生産されるようになりました。スペイン全体では二六〇種ものオリーブの品種が存在し、それぞれの地方の気候・風土で異なる風味と香りを備えているため、スペインのオリーブ油は単に品質が良いというだけではなく、他の国では真似できない多様な個性を持つことが可能なのです。

一方、スペインでオリーブ油に次いで使われる植物性油脂としては、ひまわり、大豆、トウモロコシなどが挙げられます。一九七〇年代後半からこれらの油の消費量が伸び始め、代わってオリーブ油の国内消費量は、一九八〇年頃には一時的に大きく下降線を辿っていました。この事態の裏には、徹底しない品質表示や品質と一致しない価格の差などで、オリーブ油が消費者の信頼を大幅に失ってしまったという原因がありましたが、その後スペイン食糧省が推進してきた指定産地制のアピールと生産者たちの努力によって、現在ではオリーブ油は主要輸出品目であると同時に、国内消費でも大きな比重を占めるようになりました。

特に高品質のエクストラ・バージン・オイルに関しては、ECのなかでも特に早い時期から手がけてきた有機栽培の成功もあいまって、国際的に高く評価され、その評価が次第に国内での認識として定着してきたと言っていいでしょう。

しかしながら、スペイン料理における油、または油脂の位置付けを見るとき、単純にオリーブ油だけをその特徴的なものとして捉えていいのでしょうか。確かに、現在目に触れる料理の本、あるいは料理学校や講習の限りでは、スペイン的調理とは即ちオリーブ油によるものと解釈するのが自然です。そこで留意しなければならないのは、スペイン料理が成立してきた過程のなかで、油または油脂が「調理」のみならず「調味」のための要因として存在してきたということです。

十九世紀にベストセラーとして版を重ねた料理人アンヘル・ムーロの本から、アセイテに関する著述をひろってみましょう。

「バターの調味を好まない人が多いわが国においては、良質のアセイテ（オリーブ油）がほぼすべての料理に適当である。一方、豚、仔牛、ガチョウの油脂を混ぜ合わせたものも、あらゆる調味に有効である。鳥のローストしたものの油脂も、ホウレンソウ、チシャなどの調味に良い。調理人に勧められるのは、ラード四に対してオリーブ油一の割合で一度煮立てて混ぜ合わせたものを、常に用意しておくことである。この際、油は上質なものを用いること」

この後ムーロは、スペインではほとんどすべての調味に油を用いるが、とりわけ魚料理における油の重要性を忘れないようにと付け加えています。なお、この文章が出てくるのは、「調味料」という章の中です。

ムーロにとって常識であったように、スペイン料理において動物性油脂、とりわけラードは基本的な調味の一部であり、オリーブ油の重要性もそれを妨げるものではありませんでした。オリーブ油が、動物性油脂では代用できない独自の役割をスペインの料理体系のなかで持ち始めたきっかけのひとつは、ガスパッチョ gazpacho の登場であったと言われます。

ガスパッチョは十六世紀初頭にすでに、エストゥレマドゥーラ、アンダルシアなどの地方において、食生活の基本的な一部でした。ニンニクとパンをモルテーロ（すり鉢）ですりつぶし、オリーブ油と酢で調味したものを基本とするこのスープは、現代ではそこにトマトなどの野菜を加えた形になって、今もアンダルシア地方の夏の代表的なメニューのひとつです。これは正確には、ガスパッチョ・イベリコまたはマンチェーゴ（ケルト・イベロ族の時代から伝わる野禽類の鍋料理）と区別して、ガスパッチョ・アンダルス gazpacho andaluz（アンダルシアのガスパッチョ）と呼ばれるものです。

この料理をきっかけに、加熱して調理に用いることが基本であった油脂の使用方法に、生のままで調味のために加えるという用途が付け加えられるようになりました。加熱しない状態で、最高の味と香りを保つオリーブ油の価値が、その点からも高く評価されることになったわけです。さらに時を経て、生の野菜をオリーブ油と酢で調味するエンサラダ ensalada（サラダ）という存在が、ガスパッチョの延長線上に登場することになります。

加熱しないオリーブ油による調味という意味で、最も新しいのは「ポストレにおけるオリーブ油」というジャンルでしょう。斬新なアイデアで世界に注目されつつあるスペインの若手パティシエたちにとって、オリーブ油とドゥルセとの出合いは、新しい挑戦となりつつあるようで、次々と興味深い作品が生まれています。とはいえ、その根底にあるのは、たとえばオリオル・バラゲールの「パン・コン・チョコラテ pan con chocolate（チョコレートをのせたパン）」のように、パンにオリーブ油をぬりチョコレートをはさむというような素朴な子ども時代からのおやつを土台として、それを洗練させたものも意外と多く、地中海の食文化の単純でいて奥の深い魅力を再認識させてくれます。

現在スペインの料理人たちは、さまざまな角度から新しい料理の模索を試みていますが、オリーブ油を原点とするスペイン独自の調味の、単純な、それでいて繊細な感覚こそスペイン料理の持つ一番の魅力であり強みであることを、改めて認識してほしいものです。

第六章 オルタリサ（野菜） hortaliza

1. タマネギ

オルタリサ hortaliza という言葉は、野菜全般を指します。ベルドゥーラ verdura も野菜の意味には違いないのですが、どちらかというと「緑（verde）のもの」というニュアンスを持った言葉であり、オルタリサは「耕作される食用可能な植物」という、より広範囲な分類であると言っていいでしょう。

スペイン料理に登場するオルタリサを見ていくとき、どうしても注目せざるを得なくなるのは、「コロンブス以前・以後」という基準です。つまり、新大陸到達後にスペインへ、ひいてはヨーロッパに出現したものと、それ以前から存在したものという風に野菜を分けていくと、おのずから十六世紀前後を境に大きく変化し進展を遂げていくスペイン料理の足どりを辿ることになるのです。

むろんそれは、料理の分野だけでの変化ではありません。大航海時代を経て黄金時代へ、そして再び衰退へと移り変わっていくカスティーリャ王国の栄枯盛衰にも一致していくわけです。

スペインの古い言い回しのひとつに、「コンティーゴ、パン イ セボージャ」というのがあります。これは直訳すれば「貴方となら、パンとタマネギだけでも」となり、愛する人とならどんな貧しい暮らしでもいいというような意味になります。

パンとタマネギは、庶民の最低の食事を象徴してきたわけです。そしてタマネギは、それほどまでに欠かすことのできない基本的な食材でもありました。コロンブス以前のスペインでの、オルタリサの代表格のひとつであるセボージャ cebolla について、まず見てみましょう。

タマネギを最初に多用したのはエジプトで、ビール、タマネギ、小麦のパン、ソラマメなどが農民の常食でした。ギリシャでは兵士たちの体力増強に効くとされ、ローマでは抗ペスト剤として薬用に用いられたりしながら、タマネギの栽培は地中海沿いにヨーロッパ全土へと拡大されていきます。

中世の修道院では、菜園でタマネギを栽培して生で食したという記録も残っています。そこには、薬用としてタマネギを用いたローマ以来の伝統が、受け継がれていたと見ていいでしょう。

スペインでも中世においては、タマネギを生で食べる、あるいは生のまま料理に用いることが多かったと思われます。生のタマネギをパンと一緒に食べるという先に述べた粗食の象徴をはじめとして、生のまま刻み込んで使ったサルピコン salpicón という料理も古くからあったようです。

これは肉類、または魚介類などを細かく刻んで、塩、胡椒、油、酢、そしてタマネギで和えた料理で、ドン・キホーテなど中世の文学にもすでに登場しています。ここではタマネギは、アリメント alimento（食物）としてというより、むしろコンディメント condimento（調味料）として用いられていることがわかります。

ただし、ここで注意しなければならないのは、タマネギがあくまでごく庶民的な食材であったこと、タマネギを生で使用した料理が、決してそのまま当時のスペイン料理の主流であったと単純に言ってしまうわけにはいかないということです。

例えばルペルト・デ・ノーラの本には、タマネギは余り出てきません。唯一紹介しているのは、「セボジャーダ」と呼ばれるタマネギのポタへ potaje（スープ）です。

これは、一度茹でたタマネギをトシーノ tocino（脂身）と炒め、アーモンドミルク、アラゴンのチーズなどを加えたものです。そこには明らかに、タマネギ独特の味と匂いを消し去る工夫がなされています。強い匂いと辛い味を特徴とするタマネギは、庶民にとっては安価で貴重な食材であると同時に、宮廷料理においては、ここまで加工しなければ取り入れることのできない、どちらかといえば下賤な素材だったのです。

しかし、サルピコンの例に見られるように、タマネギを〝調味の基本〟として用いるという方向は、サルピコンという料理が一部の地方料理として姿をとどめるだけになってしまった後も受け継がれ、現代スペイン料理へと至ります。

現在タマネギは、スペイン料理をスペインのものたらしめる重要な要素として、過去よりさらに大きな位置を占めています。ただし中世のそれと違っているのは、加熱して使われるケースが圧倒的に多いことで、その代表的な形が、ソフリート sofrito です。

ソフリートとはもともと、「タマネギ、ニンニク、トシーノなどを油脂のなかで軽くソフレイールしたもの」という意味の言葉です。そしてソフレイール sofreír とは「比較的低温の油のなかで調理する」という意味で、日本語での炒めるという語感よりは、油で煮るというニュアンスの方に近い表現です。

そこで現在ソフリートと言えば、タマネギ、ニンニクなどを細かく切ったものを、オリーブ油の中でゆっくり加熱調理したもののことを意味します。このソフリートを土台として調理される料理が、スペイン料理のレシピの過半数を占めていると言っても過言ではありません。

ソフリートは原則としてカスエラ・デ・バロ（土鍋）で作られ、そこに料理の主材料が加えられていきます。そしてソフレイールの段階が終わったところで、カルド（スープ）やワインなどの水分を加えて煮込むという工程に移ることになります。

言い換えればソフリートは、主材料の調理とソースの制作を同時に行うカスエラ独特の調理法において、なくてはならない調味の基本なのです。

ここで留意したいのは、ソフリートの要件として「軽く」ソフレイールするという但し書きが付いていることです。即ち、タマネギは色付くことなく、透明なまま加熱されなければなりません。

このことから、茶色く色づくまで炒めるフランスなどでの使用法とは、異なった味が期待されていることが明らかになります。タマネギは、加熱することで生の時に持っている特有の〝辛味〟を失い、しかし焦げることによる〝香ばしさ〟は加えず、むしろ〝甘み〟と言えるような風味を獲得して完成したソフリートとなるのです。

このソフリートによる甘味というのは、スペイン料理の調味に関しての、重要なキーワードと見ていいでしょう。後にコンディメントの章で述べることになる、スペイン料理における調味料の種類の少なさという特質は、このソフリートの存在に大きく起因していると思われるからです。つまり、ソフリートの甘い風味を生かそうという意図が、胡椒を中心とするスパイスの使用とは相反してしまうことになり、ソフリートを重視する地方ほどスパイスが少ないという結果に繋がっていくと見られるからです。

スペインの市場に出回るタマネギの品種は相当な数に上りますが、普通大きく四つのタイプに分けられます。早蒔き種、通年種、遅蒔き種、その他の四つです。この国のタマネギの特徴は、日本などで普及しているものに比べて辛味の少ない品種が多いことで、特に温暖で渇いた気候の土地で収穫されるものほど甘味があります。

甘味の強い品種は一般に保存に弱く、反対に冬にできる遅蒔きの品種のうち辛味の強いものは、長期の保存に向きます。そこで、一年を通して市場に出回る、どちらかというと辛い品種は、ソフリートをはじめとするあらゆる調理に用いられ、新鮮な時期にのみ出荷される甘味の強い品種が、エンサラダ（サラダ）などの形で、生で消費されていることになります。

いずれにしても、スペインのタマネギの消費量は世界でも一、二位に入るというほどで、年間生産量はおよそ一一〇万トンに及びます。その主産地はバレンシア地方及びラ・マンチャ地方などですが、ことタマネギに関する限りスペインの全域にわたって、各々の地方がその地方料理に、なくてはならない最も基本的な食材として、それぞれの形で用いているのです。

2．ジャガイモ

コロンブス以前のオルタリサの代表格がタマネギなら、コロンブス以後を象徴するのはジャガイモとトマトでしょう。なかでも、それ以後のヨーロッパの食文化の展開を眺めると、それだけで一国の飢えを解決するような基本的な食材として大きな存在となったのがジャガイモです。
パタタ patata（ジャガイモ）は、スペイン人征服者たちによってペルーで発見されました。ピサロ隊の一員、ペドロ・デ・シエサの一五三三年の日誌に、「インディオたちがマイス maiz（トウモロコシ）と並んで主食としているパパ papa という食物」という記述がすでに見られます。またフェルナンデス・デ・オビエドはその著書で、「ニンニクに似て丸く、拳骨のような形の植物。パパと呼ばれている」と記しています。シエサは茹でたパパを試食して「栗に似て柔らかく、おいしい」と評してもいます。

パパはインディオたちの基本的食料で、日で干したり、あるいはアンデスの一部では自然に凍るのを利用して保存したりして、年間を通して保存食として用いられていました。

ジャガイモはまもなくスペインに持ち帰られ、現在もジャガイモの産地として名高いガリシア地方では、十六世紀半ばにすでに何らかの形で研究及び栽培が始まっていたらしいことが知られています。

ただし初期の段階ではパタタ、またはパパは食料というより薬用植物として見られていたようです。その証拠に、一五六〇年にはスペインのフェリペ二世が、「痛風に効く」という説明を添えてローマ法王にジャガイモを贈っています。当時、ガリシアの修道院でジャガイモを栽培していたのも、食用としてよりは薬用が主たる目的であったらしいと思われます。

食用としてのジャガイモの栽培は、十六世紀末にガリシア地方のルゴを中心とするあたりから始まりました。その後十七世紀には、スペイン北西部の多くの農業地帯で栽培が始められ、十八世紀から十九世紀にかけては、重要な農産物として法律でその栽培がさまざまに規定されるまでになります。すでにジャガイモ、トウモロコシ、ライ麦、小麦の重要な産地となっていたガリシアを中心に、ブルゴス、オビエドなどがその主な産地となっていきました。

フランスなどヨーロッパの他の国々では、ジャガイモは、毒性があるなどとしてなかなか受け入れられず、最終的には革命時の飢えがそれを定着させたという話は有名です。それに比べるとスペインでは比較的早い時期に、それほど抵抗なく食用として受け入れられたようです。

初期には、軍隊の食料として採用して浸透させるといった努力もあったようですが、何といっても最大の理由は、ジャガイモが食生活のなかで重要な役割をなしていたペルーの様子を直接見聞してきたスペイン人たちにとって、この植物の食材としての価値は、疑う余地がなかったからでしょう。

興味深いのはスペイン人たちが、スペイン本土にジャガイモを普及させたのみならず、彼らの入植したアメリカ大陸にも広めたことです。

征服者として、ついで支配者としてアメリカ大陸各国の政治経済をつかさどることになったスペイン人たちは、このインカ伝来の食物をメキシコからパタゴニアに至る地域全体に栽培させたのです。そして、地理・気候条件を選り好みしないこの植物は、中南米全体の食生活の基礎として定着することになります。

スペイン料理のなかに取り入れられたジャガイモは、当時の言い回しに「村の食べ物はパタタにコル col（キャベツ）にナボ nabo（ダイコン）、そのどれもにアホ ajo（ニンニク）が付いて」とあるように、庶民の食生活に深く浸透しました。

澱粉質の多いジャガイモの性格は、もともと煮込むことに適していましたから、煮込み鍋、即ちオーリャのなかに頻繁に登場するようになったのは、当然の成り行きでしょう。こうして、ジャガイモが「コシード（オーリャ）」の重要な素材として加えられるようになります。すでに数世紀の歴史を持ち、次第に完成に近付きつつあったコシードは、このジャガイモの出現を待って完成したとも言えるのでしょう。

煮込み料理とジャガイモという関連においては、ジャガイモの最初の栽培地であり、現在も良質のジャガイモの中心的産地であるガリシアに、最も多くの料理の展開を見ることができます。カルネ・コン・パタタ carne con patata（ジャガイモ入り肉煮込み）というスペイン全土でポピュラーなギソ guiso（煮込み料理）の始まりは、ガリシア地方だったと言われます。その他にメルルサ、タコなどさまざまな素材とジャガイモを煮込んだギソがあり、それらがどれも「ア・ラ・ガジェーガ a la gallega（ガリシア風）」と呼ばれることからも、この地方の料理がいかにジャガイモを多用するかが推測されます。ポテ・ガジェーゴ、カルド・ガジェーゴなど、コシードのガリシア流バリエーションにジャガイモが欠かせないことは、言うまでもないでしょう。

ガリシア地方で生産されるジャガイモは、スコットランドの改良品種を加えてスペイン種が四種ほどありますが、最も特徴的なのは、インカから導入された原種に近いと言われる小粒の品種です。通称カチェーロ cachelo と呼ばれるこの小粒のジャガイモを茹でてさまざまな料理に添えるというガリシアの習慣は、グアルニシオン guarnición（付け合わせ）という発想のあまり発達しなかったスペイン料理の中で、異色の存在と言えます。

一方、スペインの代表的国民料理とも言うべきトルティーリャ・デ・パタタ tortilla de patata（ジャガイモのオムレツ）は、十九世紀後半のカルリスタ戦争と呼ばれる内戦中に、王位継承権争いの戦争が繰り広げられたこのナバラ地方で、食料の払底した軍隊のために地元の女性が思いついた料理と伝えられています。エピソードの真偽はともかくとして、本来豊かな農作地帯であるナバラで、戦時だからこそジャガイモと卵しかないという食料事情が出現し、苦肉の策としてこの料理が発明されたという可能性は多分にあるでしょう。

現にそれ以前の時代の記録に、ナバラ地方の山間部のつつましい生活を説明しているなかで、「少ない卵にパンを混ぜてトルティーリャを大きく作る」という生活の知恵が紹介されていることからも、ジャガイモも同様に、最初は少ない卵の量を増やすために加えたのだろうということが想像できます。それが思いがけずおいしくて、ジャガイモが卵と同列に主張する料理へと発展したということになるでしょう。

その後トルティーリャはスペイン全土に普及して地方ごとに展開を見せますが、最も基本的なものは、依然としてオリーブ油で煮たジャガイモだけを中身とするシンプルなものです。

ここで注目したいのは、トルティーリャに加えるジャガイモが「フレイール freír」、つまり油で調理されるという点です。コシードに代表されるような、茹でる、あるいは煮込むジャガイモと並行して、油で調理したジャガイモというのも、スペイン料理のなかで無視することはできません。

油で調理したジャガイモの原型は、パタタス・フリータス patatas fritas（ポテト・フライ）です。言うまでもなく、これはジャガイモがヨーロッパで普及していく過程のなかで、多くの国で定着した調理法です。特に肉料理に伴うものとして、これがなくてはならない存在となっている国は沢山あります。

スペインでも、パタタス・フリータスは肉または卵などの料理に添えるためのものでした。しかし、先に述べたように、料理そのものに付け合わせが必要とされることなく近代に至ったスペイン料理の流れの中では、グアルニシオンとしてのジャガイモという概念は、余り発達しませんでした。

むしろトルティーリャに見られるように、ジャガイモを料理に加えるための調理の一工程としてフレイールするという発想の方が、一般的だったのです。油で調理することでパタタの澱粉質が糖分に変わり、料理に甘味を加える要素となることを発見したスペイン人たちは、素材としてのパタタの価値をそこにも見出したのです。

二十世紀以降のスペインの料理書を見ると、野菜料理という項が相当な比重を持ったものであることに気付かされます。

この国では、野菜を調理したものが他の料理の付け合わせではなく、独立した一皿の料理として扱われてきました。その中でも、ジャガイモの料理は変化に富み、各地方が独自のものを持っています。「新大陸がもたらした最大の富」と呼ばれるジャガイモが、スペイン料理の体系のなかで占めてきた重要性は、その料理の種類の多さからも確認することができるのです。

3. トマト

トマトもジャガイモと同じく、新大陸からやってきました。ジャガイモが新しいアリメント（食料）として重要な役割を果たすようになったのに対して、トマトは新しいコンディメント（調味料）として、その後のヨーロッパの料理の進展に大きく寄与したことになります。

トマトはメキシコに入植したスペイン人たちが見出し、アステカ語の名前、トマトゥルの音を真似てトマテ tomate と命名されました。メキシコでは三千年前にすでに、野生の原生種をもとにトマトを栽培していたのです。

スペイン人が黄金と共に本国に持ち帰ったトマトの種は、当時の習慣により、まず修道院の畑で実験的に栽培されました。このトマトをアラビア人がモロッコに持ち込み、そこからとある船乗りが、やがてトマトにとって最大の活躍の場となるイタリアにもたらしたと言われています。

トマトもジャガイモと同じく、その初期には毒性があるとして普及しない国もあり、鑑賞用の植物としてのみ受け入れたりしていたようです。しかし日照時間の長い南欧では、気候が栽培に適していたこともあって、比較的早く栽培が定着しました。

イタリア、スペイン、フランスなどが、トマトを生産し、かつ多用する中心地となっていきます。また南米の原種は黄色く小さな果実であったものが、現在のような赤く大きなトマトになったのは、ヨーロッパで栽培、品種改良されてからのことです。

スペイン料理において、実際にトマトが普及して大きな存在となっていくのは、十七世紀から十八世紀初頭と見ることができそうです。当時スペインを訪れた旅行者の記録に、「スペインではコショウ、トマト、トウガラシ、サフランが好まれる」と記されていることからも、トマトがすでにコンディメントとしての地位を獲得していたことがわかります。

料理書のなかにトマトが出てくる初期の例として、一七六七年に出版されたファン・デ・アルティミラという料理人の本を見てみましょう。彼は魚料理に、トマトをコンディメントとして使っています。そのひとつ前の世代であるグラナド、モンティーニョといった料理人たちの調味が、まだアラビアの影響を色濃く残すアグリドゥルセ（酸味と甘味）を基調とし、ヘンヒブレ（ジンジャー）やカネラ（シナモン）を多用する東洋的な感覚のものであったのに対して、アルティミラの調味はすでに、近代的な嗜好に一歩近づいてきているのです。

このようにトマトをコンディメントとして取り入れていく流れとは別に、生で食べるトマトという概念が生まれるのは、さらに後のことです。

十九世紀初頭、エンサラダ ensalada（サラダ）という料理法が定着し始めます。それと時期を同じくして、それまでの主流であった煮込み専用のトマテ・デ・ペラ（洋ナシ型トマト）に加えて、生食用のトマトの生産が増大していくのです。それ以後スペインにおいては、レタス、タマネギ、トマトという取り合わせが、不変のエンサラダの基本となります。

もうひとつ、生のトマトを用いる代表的なスペイン料理が、ガスパッチョ・アンダルス gazpacho andaluz です。アンダルシア地方の郷土料理であるこのスープはトマトをベースとして、そこにキュウリ、ピーマンなどを加え、ニンニクとオリーブ油をコンディメントとして作られます。

エンサラダとガスパッチョに共通した性格として、どちらもオリーブ油を調味に用いることに注目したいと思います。生の野菜と加熱しないオリーブ油という組み合わせが、それまで野菜を生で摂取することのほとんどなかったスペインの食生活の一角を切り崩したのです。

この際に、生のままではっきりした味を持つトマトの存在が、こうした料理が好まれるようになっていくための大きな推進力となったことは間違いないでしょう。

十九世紀のアンヘル・ムーロの本では、「スペインのトマトは、とりわけ生で食するのに適していて、塩をかけたトマトとパンというのは、最も庶民的な朝食でもある」と述べています。トマトを朝食に取るという習慣は、カタルーニャ地方の「パン・コン・トマテ pan con tomate（トマト味のパン）」という形で今も受け継がれていると言っていいでしょう。それ以外の地方でも、朝食には食べないまでも、トマトが安価で日常的なオルタリサのひとつであることは変わりありません。

生食用のトマトはバレンシア、ムルシア、アンダルシアなどの地方で生産され、ビニール栽培の普及によって、一年中途切れることなく出荷されています。その生産量は豊富で、国内消費をやや上回っています。

また近年、ティポ・カナリアと呼ばれるトマトが徐々に人気を集めています。これは日本で言うプチ・トマトの一種で、大きさ、風味ともメキシコからやってきた原産種に似ているため、新種というよりは原型に近づいた復元というべきだろうという指摘が、スペインの評論家から出されています。

一方コンディメントとしてのトマトは、ほとんどすべての素材と関連付けて使用されるようになっていきます。

この場合に用いられるのは、加熱に適したタイプのトマテ・デ・ペラであり、その大部分は保存用に加工して使用されています。エストゥレマドゥーラ、バレンシア地方などがこのトマトの生産の中心ですが、収穫期の九月、十月頃に一部が生で市場に出回る以外は、ほとんど全部加工され、缶詰、瓶詰などの状態で一年中供給されるのです。

スペインでのトマトの総生産量は年間約三〇〇万トン、栽培面積は約八万ヘクタールで、そのほとんどが日照時間の長い南部に集中しています。国民一人当たりの年間消費量は四二キログラム内外で、比較的料理の傾向が似ているといえるイタリアの六六キロと比べると少ない感があります。

これは、スペイン料理には調味のためにトマトないしはトマトソースを料理に加えるという習慣はあるものの、トマトソースをそのままで独立したソースとして大量に使うという感覚はあまりないからです。したがって、イタリアで最も消費の多い「トマトソース」というジャンルにおいて、消費量に格段の差が生まれるのです。

トマトを使用した料理のパターンとしては、カスエラで作る魚料理、ピスト pisto など野菜の煮込み料理、チリンドロン chilindrón やチャンファイナ chanfaina のように肉料理のための野菜ソースの土台、などの例を挙げることができます。

魚料理にトマトを用いるのは、先にも述べたように十八世紀以来の伝統でもあり、カスエラのなかで料理とソースを同時に作るという形態では特に、加熱したトマトは格好のコンディメントとなるのです。

一方、ピストのように野菜を主役とした煮物は各地方にありますが、その多くはトマトをソースのつなぎとしています。特に豆類の煮込みには、トマトは多くの地方で好まれます。

チリンドロンもチャンファイナも、それぞれ鶏または仔羊の肉を主材料として、野菜を煮込んだソースで調味した料理です。他にもカジョス callos など、肉類の煮込みにトマト味が加えられるというパターンは、さまざまな地方に存在します。

このうちチリンドロンはアラゴンを中心にナバラ、リオハ地方を含む一帯の伝統料理ですが、アラゴンのそれはトマト、赤ピーマン pimiento、タマネギを土台とし、ナバラのものはトマトなしで赤ピーマンを主体とします。

ちなみに、チリンドロンという料理名はアラゴンで特に好まれるスペイントランプのゲーム名に由来するという説があります。このゲームでは兵士、馬、王という三種のカードを揃えなければならないので、その三種をタマネギ、トマト、ピーマンのぜひ必要な三つの野菜になぞらえているというわけです。そうなると、そのうち二つまでが新大陸由来の野菜であって十五世紀まで存在しなかったことを考えると、この料理の成立が十五世紀以降であろうということも、自然と推測されてきます。

スペインでは、「もしコロンブスがアメリカに着かなかったら、ガスパッチョもトルティーリャも存在しなかった」と言います。確かに、スペインを代表する料理の二つまでが――ジャガイモとトマトという新大陸由来の食材によって成り立っています。これは、新大陸到達をひとつのきっかけとしてスペインの繁栄期が始まり、その時期に現在のスペイン料理の基盤となる料理のほとんどが確立したことを意味していると言っていいのではないでしょうか。

第七章

アロス（米）

arroz

1．稲作の歴史

スペイン語で、米のことをアロス arroz、米を使った料理そのものもアロスと言います。この言葉は、ほぼ同じ発音のアラビア語を語源としていて、カスティーリャ語（スペイン語）の本に初めて「アロス」という言葉が現れるのは、十三世紀の中頃です。

ローマ時代の料理書にも、水に溶いて使う澱粉質のものとしての米の記述が出てきますから、ローマの支配下に長くあったスペインに、その当時すでに米の存在が知られていたとしても不思議はないでしょう。しかし、イベリア半島における米の普及により大きな役割を果たしたのは、アラビア民族でした。

彼らはアラビア半島から北アフリカへ、地中海に沿って西へと移動し、さらには八世紀のイベリア半島進出を機にヨーロッパへと、米の栽培地域を拡大しながら移動していきました。したがって、スペインでの米の生産を論ずるとき、八世紀をスタート地点として語ることには異論がないようです。

アラビア人たちがスペインで米を栽培し始めたのは、セビーリャ、コルドバ、グラナダなどの南部と、ムルシア、アリカンテ、タラゴナなどの東部地中海岸だったようです。しかし、彼らが去った後、改めて稲作に取り組み始めたスペイン人が拠点としたのは、地中海沿岸のバレンシア地方でした。

なかでも、スエカとアルブフェラ一帯は、最も古い時期の中心地でした。ここから始まった米作地帯は、十八世紀に至るまで拡大の一途を辿ります。そして一時は、バレンシアの市街地に迫るほどの広範囲にわたって、水田が広がることになります。

しかし、十八世紀に入って、スペインの稲作の歴史を変える事件が起きました。マラリアの蔓延です。

バレンシア周辺では中世からすでに、市街地と米作地帯の過剰な接近が原因となって、疫病発生の可能性が高まり、何度も小規模なマラリア発生を繰り返していたものと思われます。そこへ、十八世紀前半の異常なまでの耕作範囲の拡大、稲作人口の密集化が、広範囲なマラリア発生という結果を招いたのです。

一七六〇年代には、バレンシアの多くの村で、出生率をはるかに上回る死亡率が記録されています。その正常化に約十年が費やされたことからも、被害の規模の大きさが窺われるでしょう。

この問題の解決策として、旧バレンシア王国の法律は厳しい耕作地制限令を設けました。具体的には、耕作して良いのは「他の耕作に適さない天然の湿地帯、湖沼地帯のみ」とされ、河口のデルタ地帯、低地の湿原地帯など、ごく限られた土地だけに米作を許すという厳しい規制でした。この禁止、制限令はマラリアの恐怖という教訓の後押しで、この地方の米作の歴史に長く影を投げかけることとなります。

用水の完全な循環が実現した現在では、疾病の可能性は否定されているのですが、生産過多による経済不安定を理由に、バレンシア地方では長年にわたって耕作規模の縮小が続いてきました。別の言い方をするなら、バレンシアでは稲作が奨励されるのは、それが唯一にして最大限の土地利用、農業利用であると判断される土地に限られているのです。その判断は土地質、とりわけ塩分の含有度が決め手となるため、現在のバレンシアの稲作地帯は一般に他の作物は栽培不能で、輪作は行われていません。

バレンシアに代わって重要な米作地帯として浮上してきたのが、十九世紀末から定着したエブロ川流域、一九四〇年代以来大規模な生産に入ったセビーリャ、そして一九六二年以降に発展したエストゥレマドゥーラ地方です。

現在、スペインでの米作地帯は二〇の地方自治体にわたり、その地理的分布は、北緯四十二度余りのジローナから三十六度のカディスまで広範囲です。しかし、中心と言えるのはバレンシア、南部（セビーリャ、エストゥレマドゥーラ）、エブロ川流域の三つの地帯で、ほぼ全体の八〇パーセントの生産量を占めています。なかでも、セビーリヤとバダホスでの生産の増加は、バレンシアでの減少を補って余りある数字を示しています。

近年のスペインでの米作は、長年の減少傾向を打ち破ってわずかずつ上昇しつつあります。二〇〇七年の生産量は六六万五千トンで、イタリアの一四〇万トンには遠く及ばないまでもEC内では重要な米の産出国となっています。それに対してスペインでの米の国内消費はやや減少傾向にあるため、現在EC内での米の輸出入は、輸出が輸入を超える形で続いてきています。

スペインでは、米の生産は歴史的に常に農業の中で大きな役割を占めてきました。それには、気候条件も大きく寄与していることは明らかです。バレンシア、セビーリヤでの米作は、世界的に見ても高い収穫率を上げていますが、これは本来の土地質、気候が米作に適したものであることを示しています。

特に、気候条件が過酷で一般の農作に適さない土地の多いスペインでは、降雨量に大きく左右されない湿地、沼地など特殊な土地と温暖な気候を利用して収穫率を上げられる米作は、常に大きな存在価値を持ってきたのです。

スペインでの米の主流は、グラノ・デ・ティポ・メディオ（中くらいの丸い粒）で、普通ヨーロッパでの中心的な品種と思われているティポ・ラルゴ（長い粒）は、むしろ近年、わずかずつ市場が開発されてきたという程度でしかありません。原型となってきたのはイタリア原産のバリーリャという品種で、これをスペインでの米作方法に適合させながら生まれてきた品種の数々が、現在市場の大半を占めていると言っていいでしょう。

ことにバレンシア地方では、原型のバリーリャの粒が小さかったのを交配によって改善しつつ、低い稲、密生した穂というスペインでの適性を保って数々の新種を生み出してきました。その他の系列では、アンダルシア地方で適性を発揮して注目されているヒローナ、エブロ川流域で栽培されている日本系品種のマッサカなどがあります。日本系のものは、収穫率が低く粒の小さい、より寒い気候に適した品種であるため、スペインの残りの地方では適性が低いのです。

ティポ・ラルゴの主流は、イタリア系のイタルパトナで、この種の改良は目覚ましい進歩を遂げました。近年、ティポ・ラルゴのスペインでの消費量は増大傾向にあると言われます。しかしそれでもなお、スペイン全体としての主流があくまでもティポ・メディオであることに変わりはありません。というのも次で述べていくように、スペインにおける米料理の大部分が、ティポ・メディオを想定して作られたものばかりだからです。

米の生産に関しては、気候への適応、疾病及び害虫への抵抗力、さらに収穫率、生産効率といった生産者側の関心に基づく品種の選抜と、消費者側の選択が一致しなければなりません。スペインでは、消費者が米を選ぶとき、調理に要する時間が短いこと、要する水の量が少ないこと、煮込んだときに粒が崩れにくく、さらには糊状になりにくいこと、といった基準で判断します。通常、米にさまざまな味を加えて料理にするため、日本での白米の場合のような厳密な味の評価は、むしろあまり重視されないと言っていいでしょう。

逆に考えるなら、スペインではティポ・メディオの米が歴史的に好んで生産され、そのタイプの米を前提にして料理が考えられてきました。スペインの米料理は、生産される米の特性に適応しながら範疇を広げ、またその地方性を拡大してきたのです。

2. 米料理の変遷

スペインの古くからの言い回しに、「アロス・イ・ガーリョ・ムエルト（米と死んだ鶏）」というものがあります。これは食事、または宴会が豪勢だということを表すのに使う表現です。スペインの食生活において、米は常に重要にして基本的な食材のひとつでした。その歴史を踏まえて、現在もスペイン料理体系のなかでは、アロス（米料理）というジャンルが特徴的で重要な役割を占めています。

十六世紀のルペルト・デ・ノーラの本で、米の使い方を見てみましょう。

第一の使い方の例は、マンハール・ブランコ manjar blanco というカタルーニャ地方の伝統的料理に見られます。これは、現在では甘いポストレ（デザート）としてのみメニューに現れますが、中世においては、鳥肉などでスープを取り、アーモンド、さらに砂糖やバラ水などを加えた独特の料理でした。ノーラはこれを、「もっとも重要な三つの料理のひとつ」として挙げています。

ノーラは、マンハール・ブランコのさまざまなバリエーションを記していますが、その大部分にアリーナ・デ・アロス（米の粉）が入っています。その使い方は現在のアルミドン（スターチ）に似ていて、スープにとろみを付け、味をまろやかにする意図で使用されていたと推測されます。この使用法は、ローマ時代からの伝統を継ぐものでもあります。

もうひとつの使い方は、普通の米料理においてです。ノーラは「肉のスープストックで煮た米料理」と、「オーブンで焼くカスエラ（土鍋）による米料理」を紹介しています。「肉のスープストック……」の方は、米をスープストックで煮たあと、山羊または羊のミルクを加え、溶き卵を混ぜた上で、最後には砂糖とシナモンを振りかけます。この、煮込んだ米にミルクと砂糖を加えるという発想が、近代以降スペインで最もベーシックなポストレのひとつとなったアロス・コン・レッチェ arroz con leche（米の牛乳煮）に通じるのは興味深いことです。このポストレは、十八世紀前半のフアン・デ・アルティミラの本あたりから登場し始めます。

一方、カスエラによる料理の方は、現在アロス・アル・オルノ arroz al horno（オーブンによる米料理）、別名アロス・コン・コストラ arroz con costra（焦げのある米料理）と呼ばれるものと、ほぼそっくりと言っていいでしょう。これは、土鍋にスープと米を熟してオーブンで焼き、出来上がる前に溶き卵を流して、卵がこんがり焦げるまで焼いて仕上げるというものです。ここですでに、カスエラによる米料理の伝統が始まっているのです。

現在スペインの米料理は、調理方法により、パエーリャ（パエーリャ鍋）によるもの、カスエラによるもの、プチェーロ（深鍋）によるものに分けることができます。

この中で、世界的に知られスペインの米料理を代表する感のあるパエーリャは、実は十九世紀後半まで存在しなかった料理で、カスエラで調理する米料理の方がより古くから広く普及していたことは、意外と認識されていません。

歴史的にスペインにおける米生産の中心地であったバレンシアは、当然のことながら米料理の体系を見ていく上でも中心となります。このバレンシアで独自に発展したのが、パエーリャです。パエーリャ paellaとは、浅く大きな直径の把手の付いた鉄鍋のことで、これを用いた料理も同じ名前で呼びます。バレンシアの稲作地帯で生まれたこの料理の原型は、パエーリャ・デ・カンポ paella de campo（畑のパエーリャ）と呼ばれ、米にインゲン豆、ウサギ、カタツムリなどを加えて煮込む料理でした。これに対してバレンシアでも海沿いの地方には魚介類を使うパエーリャがあり、この二つを合体させたものが現在パエーリャ・バレンシアーナまたはパエーリャ・ミスタ paella mixta（ミックス・パエーリャ）と呼ばれ、避暑客や観光客を経て世界的に流布するに至ったわけです。

ここで注意したいのは、アロス（米料理）が、ベルドゥーラス（野菜）、レグンブレ（穀類）、フィデオ（パスタ）などと同列に、本来は一皿目の料理だということです。

ただし、さまざまな材料を加えて次第にメインディッシュといってもいいボリュームを持つようになってきたパエーリャに関しては、一皿目としてだけではなくプラト・ウニコ plato único（一皿だけの献立）として扱うことも並行して認めるという形に移行してきました。これには、米料理のなかでもパエーリャだけが、近年のスペインで週末の料理、アウトドア料理といったイメージを獲得したということも関わってきているでしょう。というのも、パエーリャ以外の米料理に関してはプラト・ウニコへの移行は起こっていないからです。

バレンシアを中心とする地中海沿岸一帯における本来の米料理の位置付けを良く表している例が、アロス・ア・バンダ arroz a banda（別々にした米料理）です。これはムルシア沿岸部の名物料理ですが、通常、魚を出汁としたスープで煮込んだ米を一皿目、別に煮た魚を二皿目にと、二皿のメニューを組みます。こういう形で供するのが、この地方での米料理の食べ方のプロトタイプだったのではないかと思われます。

パエーリャ鍋を使う米料理は、バレンシアを中心に、隣接するカタルーニャ、ムルシアなどにあります。バレンシア以外の地方では、ムルシアでは先に述べたアロス・ア・バンダ、カタルーニャではアロス・ネグロ arroz negro（イカスミの米料理）など、パエーリャ鍋を使うものには魚介類系の米料理が多いようです。

それ以外の地方には、本来はパエーリャ鍋の料理は存在しませんでした。現在では、観光立国スペインへ押し寄せる外国人観光客のおかげで、パエーリャ・ミスタはスペインのほぼ全土でごくポピュラーな料理となり、例えば首都マドリードでも日曜の昼食にはパエーリャを、という家庭は珍しくなくなりました。とはいえ、地中海沿岸以外でのパエーリャは、おしなべてバレンシアの模倣にとどまり、例えば内陸部特有の素材としてカングレホ・デル・リオ（ザリガニ）が使われたりする他は、ほとんどオリジナリティーは見られません。

一方、カスエラによる米料理は、沢山の地方に独自のものが見られます。アレクサンドル・デュマはスペイン紀行のなかで「マラガト（カスティーリャ地方レオン一帯の人々）は、常にアロスを食べている」と記していますが、これもカスエラで調理したものを指しています。サモラに現在も伝わっているアロス・サモラーノ arroz zamorano は、その時代の料理の系列とみていいでしょう。豚の耳、足、腸詰などを加えて米を煮込む、きわめて濃厚なこの米料理は、地中海沿岸部の気候ではなく、冬の寒さの一段と厳しい内陸部だからこそ生まれた料理です。

バレンシアでは、カスエラの中でも底が平たく浅いタイプをロセハドーラと呼んで多用しますが、これを使う代表的な料理が、最初に挙げたアロス・アル・オルノです。つまりカスエラを使うということはオルノ（オーブン）での調理に適しているということを意味するのです。素材に火が通るまで火の上で調理する。そのあと、少ない水分でゆっくりと調理できるカスエラの特質を生かしてオーブンに入れるという形で、比較的少ない水分で、パエーリャのような乾いた出来上がりではなく、もうすこしふっくらと間接的に加熱された米料理が完成するのです。

パエーリャ鍋は、広い底面積の鍋を炭火、ガスなどの炎の上にじかに載せて焼くための鍋です。米が煮えて芯がなくなるまでの時間、必要な最低限の水分だけで米をぱらっと仕上げるのが正しい出来上がりとされています。一方カスエラの方は、ゆっくりした熱伝導と高い保温能力を生かして、短時間加熱した後、鍋の余熱を利用して米を調理することが可能なため、オーブンによるさまざまな米料理が発達したわけです。

これに対して、プチェーロ、または底の深いカスエラは、主にアロス・カルドソ arroz caldoso（スープの残る米料理）の調理に用いられます。また近年のバレンシアでは、アロス・メロソ arroz meloso（とろみのある米料理）というタイプの調理にも人気が集まっています。パエーリャがバレンシアのどこの家庭でも作られるあまりにも平凡な料理であるのに対抗して、プロの料理人たちが独自の料理を開発しようと試みてきたなかで、注目されるようになったジャンルと言ってもいいかもしれません。アロス・カルドソもアロス・メロソも、たっぷりの水分で煮ることが基本であり、いわばスープに近い料理として、加える素材に関しても出来上がりに関しても選択の幅が広く、このあたりにスペインの米料理の将来があるのかもしれません。

スペイン料理に登場する白い米料理、アロス・ブランコ arroz blanco という調理も紹介しておきましょう。白い米といっても炊飯するのではなく、パスタと同じようにたっぷりの塩水で茹でます。この米料理は、チピロネス・エン・ス・ティンタ（ヒイカの墨煮）といった料理のグアルニシオン（付け合わせ）として使われたり、トマトソースと目玉焼きを添えてアロス・ア・ラ・クバーナという一皿になったりします。このアロス・ブランコに限って、ティポ・ラルゴ（長い粒のタイプ）の米がふさわしいとされています。大量の水で茹でるこの方法では、ティポ・メディオは粘りやすく適していないからです。

パエーリャだけが世界的に一人歩きし始めてしまったため、スペイン本来の料理体系のなかでの米料理の位置付けがあいまいなものになっていることは否めません。米はむろん重要な食材のひとつではありますが、スペインのなかにはほとんど米を食べない、米料理の存在しない地方もあります。バレンシアという特殊な一地方を消し去るとき、それはあくまでレグンブレ（穀物）のひとつに過ぎないということは、やはり留意しておく必要があるでしょう。

第八章

レグンブレ（豆類）

legumbre

1．豆のいろいろ

「レグンブレ」legumbreは、狭義には豆類、広義には野菜全般を指すスペイン語で、手で摘み取るというような意味のラテン語からできた言葉と言われます。ここでは、この言葉のより一般的な使い方である豆類としてのレグンブレについて見てみましょう。

スペインの食体系には古くから豆類が存在してきました。なかでも基本的なのがレグンブレ・セコ（乾燥豆）で、それらはスペイン人の食生活に穀類と同等、あるいはそれ以上に大きな比重を占めてきました。

十九世紀のムーロの料理辞典では、豆類の項に「ガルバンソス、ギサンテ、フディアス、レンテハス」が挙げられています。これはこのまま、スペインでの代表的な豆類と言えるでしょう。

このなかで、ギサンテ guisante（エンドウ豆）は乾燥したもの以上に生のものを使用しますが、それ以外の三つはもっぱら乾燥豆として、昔も今もスペイン家庭料理の重要な部分を占めている豆類です。

ガルバンソ garbanzo（エジプト豆）は、カルタゴ人によってイベリア半島にもたらされました。アフリカ大陸から進出してきた彼らは、まずカディス、マラガなどアフリカ対岸の沿岸都市を根拠地として、そこにガルバンソの栽培を始め、後にカルタヘナ（新カルタゴ）の町を築くにあたっても、大量のガルバンソを持ち込んだと言われます。

当時イベリア半島を支配していたローマ人は、ガルバンソを食べるカルタゴ人を「豆食い」と呼んで馬鹿にしたと伝えられますが、後日そのカルタゴとの戦いに敗北を喫することになるのです。食料の確保を重要視して、戦いのない時期には兵士たちを畑作に従事させるというカルタゴの政策は、土地質を選ばないガルバンソという作物の特質とあいまって、イベリア半島への進出成功の大きな要因になったわけです。

ガルバンソの栽培は適性条件がゆるやかで、スペインの気候風土に非常に適しています。乾燥に強く極端な寒暖にも耐え、またケイ酸粘土質の土地や、硫酸カルシウムや有機物の不足する土地にも適応します。つまり、寒暖の差の激しいスペイン中部、降雨量の少ない南部、他の作物に適さない痩せた土地などでも、優れた適性を発揮するのです。

現在、スペインでのガルバンソの栽培面積は約八万五〇〇〇ヘクタール。年間収穫量は約四万八〇〇〇トンで、その七〇パーセント近くをセビーリャを中心とするアンダルシア、残りをカスティーリャ・ラ・マンチャ、エストゥレマドゥーラで生産しています。

一方、東部地中海沿岸ではガルバンソはほとんど栽培されていません。この地域は南部に比べると降雨量も多く、バレンシアからムルシアにかけてのウエルタ（潅漑農業地帯）のように、広汎な農作物に適した地帯が広がっていることから、ガルバンソに依存する必要がないからです。

ガルバンソ以上に古い歴史を持つのが、レンテハ lenteja（レンズ豆）です。この豆は聖書にも、「一皿のレンズ豆と引き換えに長子の権利を売る」というイサクのエピソードで、すでに登場しています。

レンテハは、地中海沿岸では古くから重要な食材でした。アルメリア近郊の古代遺跡からは、穀物とレンテハの粒が発見されています。この地の文明は青銅と陶器を軸として栄えたものでしたが、レンテハは基本的食料のひとつであったと思われます。

穀物とレンテハ、さらにベジョータ bellota（ドングリ）の粉を混ぜて作った固いトルタ torta（パン）のようなものも、古くから作られていました。このトルタの類は、西ゴート族支配の時代にプルテという名ですでに存在しましたが、現在のスペインでガチャ gacha またはプチェス puches などと呼ばれる穀物や豆類の粉を練った料理の原型は、このあたりまで遡ることができそうです。

レンテハは一般に乾燥した土地で栽培され、年間二〇〇ミリから三〇〇ミリという少ない雨量にも適応します。前世紀のスペインの農業書にも「乾いた、やせた土地で栽培すべきだ」と記されていて、その根拠は「開花時期の過剰な繁茂や湿度により、花が落ちてしまう」ということにあるようです。現在では、レンテハはほぼあらゆるタイプの土壌に適応することがわかっていますが、なかでも石灰質の少ない砂状粘土質の土地が好まれます。

そういう条件を裏付けるように、栽培地域は中央部及び北西部カスティーリャ地方に分布しています。特にクエンカ、アルバセテ、トレドなど典型的な内陸型気候の地域がその中心で、沿岸地方では全く栽培されていません。

スペインの市場では、五種類のレンテハが分類され、その内の一種はトルコ起源のものです。一般的な品種は黄色を帯びた緑色のものが多く、他に暗緑色に近いもの、赤みを帯びたものもあります。

アルビア alubia（インゲン豆）は、スペインの豆類の歴史に一番遅れて登場します。アメリカ大陸からジャガイモ、トウモロコシなどと共にもたらされ、その後食材として定着するのは、十六世紀以降のことになるからです。

ただし新大陸から到来の食材のなかで、アルビアの定着は比較的早かったと言っていいでしょう。当時スペインの食生活において、豆類は依然として重要な位置を占めていましたが、ローマ時代から受け継がれた豊かなバリエーションは次第に減り、ガルバンソ、レンテハ、アバ、ギサンテなど限られた品種だけが栽培されていました。そこへ新たな可能性として現れたアルビアは、スペイン各地の料理のなかで急速に市民権を獲得していったのです。

アルビアはフディア judía とも呼ばれ、その他にも地方によってさまざまな名前を持っています。アビチュエラ habichuela 、フレホル frejol、ファベ fabe などは、すべてこのインゲン豆の仲間を指す名前です。このように地域ごとに愛称ともいえる呼び名があるということも、この豆が食生活にいかに浸透しているかというひとつの現れと見ていいでしょう。

スペインには二六九種のアルビアがあると言われますが、その基本的なものは四つに分けられます。中でもスペインでの栽培の大部分を占めているのは、フディア・コムン judía común と呼ばれる種で、この中に市場に出ている多くの種類のアルビアが含まれます。

アルビアの栽培地域は、スペイン北西部のガリシアからカスティーリャ北部を中心として、バルセロナ、バレアレス諸島、グラナダなどにも点在し、中央部ではほとんど生産されていません。

これらの栽培地の共通点は、他の作物も生産できる農業地域であるということです。つまり、他の作物に不適合なやせた土地や乾燥地をむしろ好むレンテハやガルバンソに比べると、アルビアは比較的肥沃な土地で栽培されていることになります。

アルビアの栽培面積は、近年になって大きく減りました。しかし主な栽培地では安定した生産が続けられ、減反がそのままアルビアの需要の急下降を意味しているというわけではないようです。アルビアは種類が多いため、各地で作られる品種は、それぞれが、その地方独自の食生活と密接に結びついているのです。

なお、アルビアはアメリカ大陸からきたものだと述べましたが、唯一それ以前からスペインに存在していた、フディア・カリーリャというアルビアの一種があります。この豆は、エストゥレマドゥーラ地方では今も主産されていますが、一般にはその味は余り好まれないようです。

レグンブレについて特筆したいのは、各地方の食材の優れた特質と固有性を守るための原産地呼称制度の普及が、この分野にも及んできていることです。バニェサとアビラのアルビア、アストゥリアスとロウレンサのファベ、フエンテサウコのガルバンソ、アルムーニャやティエラ・デ・カンポのレンテハなど、いずれも古くから知られてきた産地で、今その価値が改めて認識されてきたことになります。

こうした保護措置が、食材の品質保持と同時に伝統料理のメリットを長く伝えていくための手段として有効なら、より幅広いスペイン料理の未来のためにも大いに歓迎すべきことでしょう。

2．豆料理の歴史

現在のスペイン料理のメニューは、一皿目としてのスープ、野菜料理、エントレメセス（オードブル）など、次いで二皿目としての魚、または肉料理、そしてポストレ（デザート）という配列です。豆を使用した料理は、原則的に常に一皿目にきます。米、その他の穀物、パスタなども同列に扱われますが、どの地方でも豆類の料理は、一皿目のメニューのなかで大きな割合を占めています。言い換えれば、「豆料理から始まる食事」というのは、スペインの各地方の人々の食生活のなかで、きわめて基本的であり日常的なものなのです。

ガルバンソを用いた料理の筆頭は、コシード cocido でしょう。スペイン料理のひとつの典型とも言うべきこの料理については、すでに「オーリャ」の章で詳しく述べました。

ここでは、この料理の原型のひとつと思われるユダヤ系の料理アダフィナ adafina に、すでにガルバンソが基本的な材料として含まれていることに注目したいと思います。

この料理は、聖母マリアの母サンタ・アナが作ったものと言われ、ユダヤの宗教的戒律にのっとっています。即ち、モーゼの掟によって許される羊または山羊の肉と、ガルバンソ、野菜と香草を煮込んでスープと野菜、肉の入った料理としたのです。

このアダフィナは、ユダヤ教徒がイベリア半島で繁栄していた時代にこの地に定着しました。そしてユダヤ教徒迫害と追放の後には、キリスト教徒の料理として適応しながら、各地でそれぞれのコシードへと変化していったものと思われます。

その過程で、肉は羊から豚とその加工品へ、野菜は各地で入手可能なものへと移り変わりながら、ガルバンソだけは、全国的に供給できる基本的な材料として、多くの地方のコシードのなかに生き残ったわけです。

ガルバンソのもうひとつの代表的な料理は、ポタヘ potaje です。ポタヘという名はフランス語のポタージュと同じ語源からきていますが、スペイン語においては、「豆と野菜などを煮込んだスープ」として定義付けることができます。ちなみに、それ以外のパン、米、パスタなどの入ったスープがソパ sopa、クリーム状のものがクレマ crema、透明なものがカルド caldo というのが、大雑把なスープ類の分類です。

ポタへと呼ばれる料理は各地にあり、地方によって使用する豆の種類も変わりますが、内陸部の大部分でガルバンソが使われます。そこに、ジャガイモ、ニンジンなどさまざまな野菜が加えられます。

このポタへという料理も、コシードと並んで非常にキリスト教的な料理と言えるでしょう。こうして見ていくと、スペインにおいては豆類の料理が、肉類を禁ずる「精進料理」という教会の定める規律にかない、だからこそ本来キリスト教と密接に繋がって展開されてきたものであることが、一段と明確になるのです。

スペイン中世の戯曲に、「日曜日にはガルバンソ、月曜日にはアルベハ（エンドウ豆の一種）、木曜日にはレンテハ、土曜日にはアバ（ソラマメ）」という精進料理を言い渡す一節があります。それ以外の、金曜日は厳しい断食、水曜日はエスピナカ（ホウレンソウ）、火曜日はガチャ（豆類などの粉を練ったもの）という決まりを加えると、精進料理のほとんどが豆類を中心に成り立っていることがわかります。

肉類を使わないガルバンソのポタへも、そういったコミーダ・デ・ビヒリア comida de vigilia（精進料理）のひとつとして、教会や修道院に端を発して庶民生活に定着してきました。

修道院の料理を最もよく伝えると言われるエストゥレマドゥーラ地方のポタへは、ガルバンソにバカラオ bacalao（干ダラ）、ホウレンソウ、茹で卵などを加えて作られます。バカラオもまた、肉を禁じている精進の日のための、代表的な修道院の食材でした。このポタへ・エストレメーニョ potaje estremeño が、スペインのほぼ全土に流布する精進料理としてのポタへの原型と見て、間違いないでしょう。

レンテハを使った特徴的な料理のひとつは、レンテハス・コン・アロス lentejas con arroz です。これはレンテハと米を煮込んだもので、スペイン料理独特の調味法の例と言うことができます。

つまりここでは、米は味を補うために加えられる、調味のための素材なのです。レンテハ以外にフディアやガルバンソも同様に、米を混ぜてスープにすることがあります。この調理法は俗称でエンペドラード empedrado（味を覆い隠す、和らげる）と呼ばれ、豆の煮込みに米の甘味を加える、またはまろやかな味にするといった目的を持っています。その意味で、レンテハと米の組み合わせは最も端的に、目的を果たしていると言っていいでしょう。

一方、レンテハと豚肉や豚足、耳、トシーノ tocino（塩漬けにした脂身）、チョリソ chorizo（パプリカ味の腸詰）などを煮込むのは、カスティーリャ地方をはじめとするスペイン中央部において、とりわけマタンサ（豚を殺して加工食品を作る冬の行事）の時期の重要な料理です。

レンテハは豆類のなかでも最も蛋白質が豊かであり、他の農作物の少ない地方での貴重な栄養源です。しかし豆自体の持つ味が単純であるため、こうして米や肉といった素材によって味を加えることで、毎日の食生活のなかで飽きないための工夫がなされてきたわけです。

アルビアは、すでに述べたように、地方によって栽培品種にかなりのバリエーションがあります。なかでも生産量のトップを占めるのは、フディア・ブランカ judía blanca（白インゲン）です。この豆を使った最も有名な料理は、アストゥリアス地方のファバーダ fabada でしょう。これは、ファベ fabe と呼ばれるこの地方産の大粒の白インゲンを用い、豚肉とその加工品で調味したスープです。

他にもガリシア地方がほぼ同種の豆を産し、ファバーダとよく似た彼らのポテ・ガジェーゴ pote gallego に使います。

アビラ近郊のエル・バルコという村はアルビアの産地として特に名高く、白インゲンのみならず、フディア・モラーダ judía morada（赤インゲン）も産します。さらに黒みを帯びたトロサナ tolosana はバスク地方。斑点のあるフディア・ピンタ judía pinta はレオン近郊。フディオン judión（大粒のフディア）はセゴビア近郊のグランハというふうに、各々の品種について中心的な産地があり、その一帯では必ず、その豆を使った独特の料理が見られます。

アルビアが、豆類の中では最も歴史が浅いことを考えると、各地への浸透率の高さ、伝統料理の中に取り入れられている頻度の高さは、この豆がスペイン人の嗜好にいかに良く合ったかを示していると言えるでしょう。

最近のスペイン料理界の流れのなかでは、この歴史的に古くから存在する乾燥豆という食材を、新しい形でメニューに取り入れていこうとする動きがあります。

豆料理の長所は、豊かなたんぱく質、消化の良さなどにあり、短所はボリュームのある料理になってしまいやすいこと、加えるものによっては相当高カロリーな一皿目になってしまうことなどです。

そこで、長所を生かしつつ現代の食生活に取り入れていくために、例えばスープの形でなくサラダとして豆を使用すること、動物性油脂の使用量を減らしてスパイスを生かした調味でスープにすることなどが、提案されています。国民の必要とするたんぱく質を国内で供給する大切な切り札として、スペイン政府も豆類を見直すことを呼びかけ、アルビアの減反を食い止めるという声明を発表しています。

しかし、スペインの一般の人々の持つ豆のイメージは、昔ながらの「豆のスープ」です。そして、貧しい時代に飢えに対する大切な武器であった乾燥豆は、飽食の時代を迎えた現代スペインの食卓では、次第に登場するチャンスを減らしつつあります。伝統的な食材によるバランスの良い食事を若者たちに伝えるために、小学校の給食にも大学のカフェのメニューにも、豆のスープは一定の頻度で登場しますが、彼らに人気のあるメニューはパスタやヘルシーな軽い料理で、豆料理へのリクエストは多いとは言えないようです。

だからこそ、気候、土地の条件からも本来スペインに適した作物である豆類を、これからも食生活のなかで生かしていくためには、より現代に即した豆料理を考えていく必要があるでしょう。

そこには、若者の嗜好の問題だけではなく、専業主婦の大幅な減少にともなってスペインにも起こってきた、「スープを作る時間がない」という家庭の在り方と伝統料理の存続の難しさという、多くの先進国が今直面している問題も重なってくるのです。

第九章 ウエボ（卵）

huevo

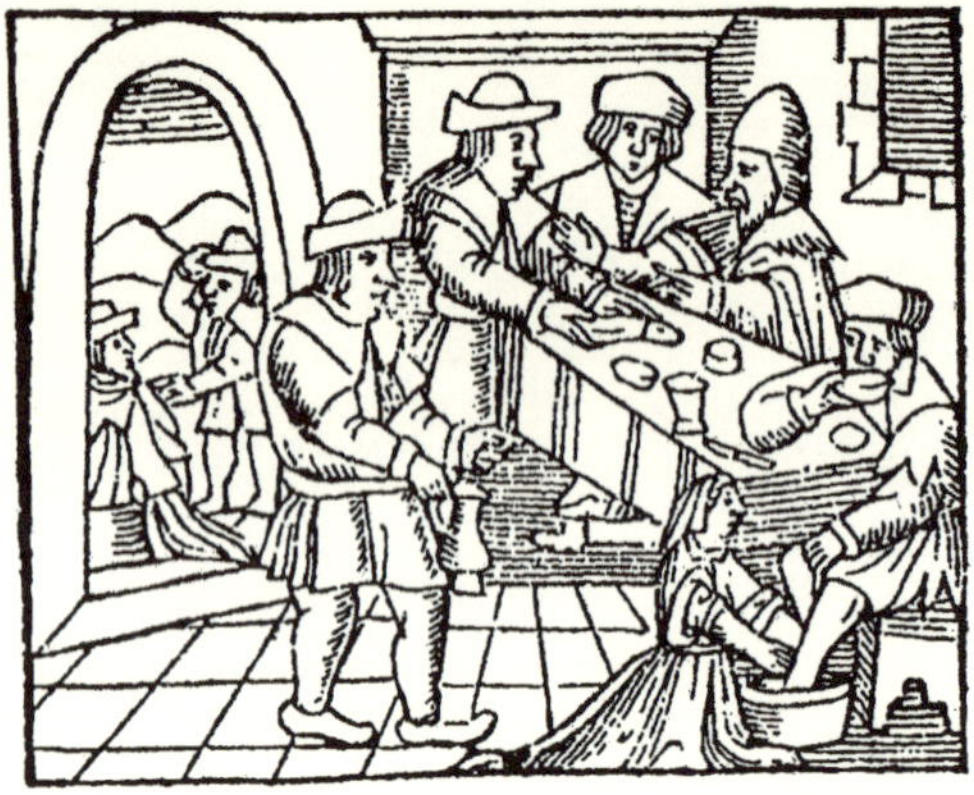

　ウエボ huevo（卵）は、スペインの食生活のきわめて基本的な部分を占めていますが、近年スペイン人の卵の消費量は継続的に減少傾向にあり、しかも若年層の多い家庭ほど卵の消費量が少ないという統計が出ています。スペイン人一人当たりの卵の年間消費量がこの二十年間に三〇〇個から一九〇個に減っているのです。スペインの調査機関はこの現象を「卵はコレステロールの増大に繋がるので食べない方がいい、という知識に洗脳された世代ほど消費が減ったものと推測される」と分析しています。しかし依然として卵はスペインの食生活における必需品であり、卵を使った料理を無視してスペイン料理を語ることはできないでしょう。この場合ウエボとは大抵の場合鶏卵を指し、それ以外の鳥類の卵はわずかずつ消費が増えつつあるとはいうものの、ほとんどと言ってもいいほど使われません。

　中世スペインで卵に宗教的な意味あいが与えられていたことは、いくつもの聖堂でキリスト像を取りまく装飾のなかに卵の造形が見られることからも推測されます。

卵がキリスト復活を象徴するシンボルとされていたことから、その後もパスクワ Pascua（復活祭）と卵とのあいだには常に密接な繋がりが持たれてきました。モナ・デ・パスクワ mona de Pascua と呼ばれる、茹で卵を入れたパンまたはビスコチョ bizcocho（スポンジケーキ）を作る風習は、カタルーニャ地方を中心とする地中海沿岸ほぼ全域に今も見ることができます。また、名付け子に卵をかたどった菓子を贈るという習慣も、多くの地方に受け継がれています。

同時に、卵はコミーダ・デ・ビヒリア comida de vigilia（精進料理）の重要な食材として、この点でも宗教と結びついた形で歴史を重ねてきました。今も各地の修道院には、卵を使ったさまざまな料理や菓子が伝えられています。

一方、料理の本に純然たる卵料理が登場するのは十六世紀末のことです。それより遥かに昔から、卵がごく基本的な食品であったにもかかわらず、十六世紀初頭のノーラの本にはまだ、卵の名を冠した料理はほとんど存在しません。わずかに「卵のポタへ」という溶き卵状のスープと、「サルビア入り卵のトルタ」というトルティーリャ（オムレツ）の原型ともいうべきものがあるのみで、このトルタはサルビアの葉を加えた卵を焼き、大量の砂糖をかけるというものです。

一五九九年のグラナドス、一六一一年のモンティーニョの本になって初めて、卵料理はひとつの料理の分野としての広がりを持ち始めます。そして十九世紀のムーロの本では、「ウエボス・レグンブレ（卵・野菜料理）」として一章を設けるまでに至るのです。

ムーロは、彼の料理辞典でも多くのページを費やして卵と卵料理について述べています。そこで興味を惹かれるのは、ごく単純なものも含めてかなりの数の卵料理を、彼のオリジナルであると注記していることです。

これは、従来わかり切った家庭料理とされてきた卵料理を、プロの料理人として改善しよう、料理としての位置付けをより明確なものにしようとした試みのあとと見ることができるでしょう。言い換えれば卵料理は先ず庶民の食生活のなかに定着し、歴史が近年に近づくにつれて、料理としての価値や個性を評価されるようになってきたのです。

中世スペイン文学のなかに出てくる卵料理は、ベンタ、ポサーダ（どちらも旅館、旅籠の一種）での簡易な夕食、旅人に急いで供することのできる温かい料理のための素材といった存在でした。そこから、スペイン料理体系のなかで一章を占める卵料理というジャンルの確立へのあいだには、フランスやイタリアからの影響も含めて、それぞれの時期の料理人たちの試行錯誤のあとを見ることができます。

代表的な卵料理のいくつかを、イネス・オルテガの『リブロ・デ・ロス・ウエボス・イ・デ・ラス・トルティーリャス（卵とトルティーリャの本）』からひろってみましょう。

ウエボ・ドゥーロ huevo duro、ウエボ・パサード・ポル・アグア huevo pasado por agua は、それぞれ固茹で卵、半熟卵のことです。このきわめて単純な調理法は、それを主役とした料理以外にもしばしば独特の使い方をします。

例えばエンサラダ（サラダ）に加えられる固茹で卵は、オリーブ油と酢の簡潔な調味を和らげる役割を果たしているし、ポタヘやソパに加えられる固茹で卵は、スープ類のコクを増すための重要なポイントとなっています。

また、今世紀初頭の料理人ホセ・サラウの創作料理として「ロス・ウエボス・デ・エスパーニャ los huevos de España（スペイン風卵）」と呼ばれる料理があり、これはポシェあるいは半熟にした卵を生ハム入りヘレス jerez（シェリー酒）風味のゼラチンのなかで冷やし固めたものです。

ウエボ・フリート huevo frito（目玉焼き）は、ごくスペイン的な調理法のひとつです。フリートとは「油のなかで調理したもの」という意味で、フライパンに充分な油を熟してそのなかに卵を割り入れて加熱するこの調理を、日本語のように「焼く」と表現することはできません。

現実にスペインのウエボ・フリートは、「調理中、卵が油の上に浮遊して鍋に接しない」ように調理すると定義されています。これに各種のエンブティードス（ソーセージ類）、野菜類、特にポテトフライなどを添えたり、あるいはア・ラ・クバーナ a la cubana（キューバ風）と呼ばれるもののように茹でた米に載せたりしたものが、しばしば日常的なプラト・ウニコ plato único（一皿だけで構成された食事）の主役となるのです。

ウエボス・レヴエルトス huevos revueltos（炒り卵）も同じくスペイン的な一品ですが、こちらはプラト・ウニコとしてよりも、メニューのなかのプリメール・プラト（一皿目）として供されます。

レヴエルトの基本は直火、またはバーニョ・マリア（湯煎）で溶き卵を加熱することで、ここに加えるものによって各種のバリエーションが生まれます。なかでもスペイン的なのは、アホ・ティエルノ ajo tierno（ニンニクの芽）、エスパラゴ・トリゲーロ espárrago triguero（野性のアスパラガス）、ピミエント pimiento（ピーマン）、各種のセタ seta（キノコ）などの野菜類とハモン（生ハム）、あるいはガンバス（エビ）、バカラオ（干ダラ）などの組み合わせでしょう。

ホセ・カルロス・カペルは卵に関する近著で、レヴエルトには「フルーティーな白ワイン、または若いマンサニーリャ manzanilla（ドライ・シェリーの一種）を添えたい」と書いています。レヴエルトを一皿目に組み込んだメニューは、庶民的な食堂や家庭のみならず、高レベルのレストランでもしばしば取り入れられ、そのあとに続く二皿目の味覚を妨げず、なおかつワインとのハーモニーをも尊重する料理として、今再認識されつつあるのです。

最後にスペインで最も有名な卵料理、トルティーリャ tortilla、またはトルティーリャ・エスパニョーラ tortilla española（スペイン・オムレツ）について触れなければなりません。

フライパンの形のままに丸く焼くのを一番の特徴とするこのオムレツと同じタイプのものは、ローマ時代からすでにあったようです。スペインではこの丸いトルティーリャと、それと区別する意味でトルティーリャ・フランセサ（フランス風オムレツ）と呼ばれる紡錘形に焼いたオムレツとが、並行して存在してきました。

トルティーリャの基本形はトルティーリャ・デ・パタタ tortilla de patata すなわちジャガイモのオムレツです。たっぷりのオリーブ油で薄く切ったジャガイモを調理し、それを卵に加えてオムレツを焼くというごく単純な料理です。そこに少量のタマネギを加える、少量のピーマンを加えるなどの好みはあるにしても、原型はあくまでジャガイモだけです。

それ以外のトルティーリャでポピュラーなものとしては、ジャガイモ以外にトマト、インゲン豆など数種類の野菜を加えるトルティーリャ・パイサーナ tortilla paisana（田舎風オムレツ）、バスクのシドレリーア（リンゴ酒を飲ませる店）に欠かせないトルティーリャ・デ・バカラオ tortilla de bacalao（干ダラのオムレツ）、グラナダ名物のトルティーリャ・デル・サクロモンテ tortilla del Sacromonte（肉、内臓などを入れたオムレツ）などがあります。

ごく最近まで、料理体系のなかでのトルティーリャの位置付けは、必ずしも優遇されているとは言えませんでした。というのも、トルティーリャのメリットのひとつは温かい料理としてだけでなく冷めても食べられることにあり、それが逆に、バル（居酒屋）で常備するタパス（おつまみ）、お弁当に欠かせない軽食といった、余りにも日常的なイメージに作り上げられてしまったからだと思われます。

しかし、ありふれたということを言い換えるなら、それは食生活に不可欠であるという意味にもなります。ムーロは彼の料理辞典で、「この古典的な料理の一番の長所は、我々が子ども時代に数限りないトルティーリャを食べてきたために、常に最良の少年時代の追憶と結びついていることだ」と述べています。そしてここ数年、大手清涼飲料メーカーのアンケートによれば、「スペイン人が好む料理の一位はトルティーリャ」という結果が出ています。しかもそのアンケートでは、「一番おいしい」のは「母親または配偶者」の作ったトルティーリャとなっています。

最新の創作料理のなかには、まるで違う料理のように変身したトルティーリャの新しいバージョンも発表されていますし、「卵料理」の本はスペインでは最近人気があって次々と出版されています。しかし多くのスペイン人の声に従うなら、トルティーリャに一層の洗練や変化を求める必要はなく、もともと家庭料理を基盤として成り立ってきたスペイン料理のなかでもっとも下積みの部分に存在する、普遍的な料理であることでよしとすべきなのでしょう。

第十章 ペスカード（魚）

pescado

1. 魚を食べる歴史

スペインは、ヨーロッパのなかで最も多く魚介類を消費し、魚によって蛋白質を摂取している国です。

イベリア半島の地理的な条件を見れば、それも当然のことでしょう。ビスケー湾から大西洋へと繋がる北部、ポルトガルをはさんでアフリカへかけての大西洋岸南部、地中海に沿って広がる西部と、つまり国の三方をすべて海が囲み、そこに漁港が連なっているのです。

漁船の保有数を見ると、約三分の一ずつを大西洋岸のガリシア地方と地中海沿岸が占め、残りを北部カンタブリア、南部大西洋岸、カナリア諸島が分けています。

この内、遠洋漁業向けに操業しているのは、ガリシアとアンダルシア地方の一部のみで、残りは近海と中距離、及び南部のマグロ漁が主体となっています。スペインが近海に充分豊かな漁場を持つことが、この数字からも窺われます。

　ペスカード pescado は魚全般を指す言葉ですが、これをペスカード・ブランコ pescado blanco（白身魚）とペスカード・アスル pescado azul（青身魚）に分けることができます。歴史のなかで、この二タイプの魚の需要を見てみましょう。

　スペイン人と魚との密接なつながりは、ローマ帝国時代に始まりました。ローマの領土内でも特に豊富な魚介類を産する地として、わけてもガルムというローマ独自の調味料の産地としてスペインは珍重されたのです。ガルムは青身の魚を主な材料として作る一種の魚醤で、良質のガルムのほとんどは、現在のカルタヘナ、カディスなどスペインの漁港で作られたと言われます。

　ガルムの製法にはいくつかの説がありますが、容器にアニス、ハッカ、バジリコなどの香草を敷き、切り身にしたサルディーナ（マイワシ）、サルモン（サケ）、ボケローネス（ヒコイワシ）、アレンケ（ニシン）など青身の魚を並べた上に塩をかぶせ、重しをかけて一週間ほど置くことで発酵させ、そこから出る液体を集めて作ったようです。ガルムに似たソースとして、マグロの内臓と血で作るもの、アサリ、海老、鮭の内臓で作るものなども記録されています。ガルムそのものは、余りにも高価であったからか、単にスペイン人の好みには合わなかったのか、ローマ帝国がイベリア半島から撤退すると同時に廃れていきますが、ガルムの嗜好の一部は、例えばアンチョーア anchoa（ヒコイワシを塩漬けしたもの、アンチョビー）のような形で、スペインの地に深く根を下ろすことになります。

十五世紀末のカスティーリャ王家の食料仕入れのリストを見ると、魚の購入は意外なほど大きな金額を占めています。レングアード lenguado（舌ビラメ）を筆頭にコングリオ congrio（アナゴ）、ランプレア lamprea（八目ウナギ）に至るまで各種の魚が、宮廷の食卓にのぼっていたことがわかります。とはいえ、魚の種類はいろいろあるものの、それらはすべて白身魚で、青身の魚は干したものか燻製にしたものしか見られません。また白身魚についても、料理法としては凝ったものが並んではいるものの、魚そのものを生かすという観点からは、それほど見るべきものはありません。

魚料理が、ある意味では装飾的な贅沢品として扱われていたカスティーリャ宮廷の食卓が想像されます。広大な内陸部を支配して海には遠いカスティーリャ王国においては、実質的に人々が好み大量に食べたのは肉料理の方であっただろうことが、メニューの行間から読み取れると言ってもいいかもしれません。

それに対して同時期のアラゴン王国では、白身も青身も、文字通りあらゆる魚が出そろっていたようです。地中海沿岸部を制していたアラゴン王に仕えた料理人ノーラの本には、現在スペインで使われる魚介類のほぼすべてが、すでに出揃っています。

例えばノーラの本にはコングリオ、デントン dentón（キュウリ魚、タイの一種）、リサ lisa（ボラ）など白身の魚と並んで、エンペラドール emperador（カジキ）、トニーナ tonina（マグロ）をはじめとする青身の魚、トゥルーチャ trucha（鱒）など川魚のレシピも、沢山選ばれています。

この内マグロなどは、目玉だけを土鍋で煮込んで、あるいは頭と尾を煮て肝臓のソースを添えてと、現在では考えられないほどの豊富なバリエーションが紹介されています。また、エストゥリオン（チョウザメ）のように現在ではほとんど食べられない魚も、一通りの調理が記されています。

アラゴンの支配下にあったナポリ王の宮廷で数年間働いてきたノーラにとって、これらの魚料理は欠かせないものであり、彼のメニューの中枢をなす部分として魚料理が大きな比重を占めていることからも、内陸部との違いが浮かび上がってきます。

これら魚の調理法として、この時代に最も頻繁に使用されているのは、エンパナーダ empanada です。これは、オハルドレ hojaldre（パイ生地）、またはパン生地で具を包んでオーブンで焼いた一種のパイのことです。エンパナーダは、現在ではガリシアの地方料理として知られていますが、十五世紀前後からの資料を見る限り、カスティーリャ、カタルーニャなどほぼスペイン全域に普及していたもののようです。

肉類を具とするエンパナーダと、魚介類のものの両方が十五世紀頃から作られていたわけですが、ガリシアに受け継がれてきたレシピは、基本的にはノーラの頃のものとほとんど変わっていません。唯一の違いと言えるのは、当時のレシピでは、現在のようなパン生地が主流ではなく、むしろラードを使ったパイ生地の方が一般的であったと思われることです。

青身の魚が特にエンパナーダの具として好まれた根拠としては、油分の多い魚を使い、その油脂を使ってパイを焼き上げるという発想があったと思われます。したがって、製菓の場合のものと比較すると、パイ生地に使われる油脂の量は常に少なめです。

時代を下って十九世紀以降の嗜好を見るために、当時の料理人アンヘル・ムーロの本を参照すると、彼が最も好んで使っている魚はメルルサ、バカラオ（タラ）、レングアード（舌ビラメ）と白身魚一辺倒です。

ムーロはメルルサ merluza について、「スペインを代表する魚。最も多く食べられ、漁港から遠い地においても最上のコンディションで食べることのできる魚」とまで絶賛しています。メルルサの名前が実際にスペイン各地で知られるようになったのは、ちょうどムーロの本に書かれている十九世紀頃からとみていいでしょう。バスク地方を中心とするビスケー湾沿岸では以前から高く評価されていたものの、輸送という問題が解決されるまで、この白身魚の存在はスペイン全体としては余り知られていなかったからです。さらには、ムーロのようなプロの料理人がほめているからといって、この魚が身近であったというわけではなく、内陸に住む庶民にとっては依然として、メルルサをはじめとする白身魚は手の届かない高級品であったに違いありません。

一方舌ビラメについては、ムーロは「最も消化が良く、病人食に最適」であると述べています。この魚は、味よりはむしろその淡泊さゆえに、常に好まれてきたようです。したがってその調理には、スペイン料理らしい展開がほとんど見られません。魚の調理とは別に濃厚な味のソースを作ってかける、という発想のないスペイン料理においては、その淡泊さが味のバリエーションを阻むのです。ムーロが舌ビラメを特に好んだ裏には、彼の時代に始まった、スペイン高級料理界におけるフランス料理への傾倒という要素があることも見逃せないでしょう。

ムーロの時代に、魚料理の大きな部分を占めるようになっていたバカラオ bacalao とは、生のタラではなくてバカラオ・セコ bacalao seco（干タラ、塩タラ）を指します。この頃すでに、スペインではサラソン salazón と呼ばれる伝統的な魚の塩漬け、あるいは干物が始まっていたのです。

ハンニバルがイベリア半島南岸を拠点にローマ征服を図ったとき、すでにサラソンは彼の軍隊の兵糧として使われていたと言います。現在も、ムルシアからアンダルシアにかけての地中海沿岸では、小規模な手工業としてのサラソン生産が残っています。その主な素材はアトゥン（マグロ）、サルディーナ、ボニート（カツオ）、カバジャ（サバ）、ムホル（ボラ）などです。

代表的なサラソンとしては、マグロの肉を塩漬けしてから天日で干すモハマ mojama、タラやボラの卵を塩漬けにしたウエバス huevas などがあります。これらのサラソンは、保存食品として歴史上最も古いもののひとつと言えますが、その普及は中世以後拡大せず、地方規模のものとしてのみ受け継がれてきました。

もともとスペインでタラ漁が盛んになったのは、十二世紀頃から始まったクジラ漁がきっかけでした。当時バスク沖ではクジラ漁が盛んで、バスクの漁師たちもそれに参入していました。しかしその後、ビスケー湾ではクジラが獲れなくなり、漁場が次第にノルウェー、スコットランド方面へと遠くなっていったため、スペインの漁師たちはクジラ漁をあきらめるに至ります。

しかしこのクジラ漁に際して、長期にわたるクジラ漁のあいだの船員たちの食糧とするためタラ漁をして船の上で塩蔵していたバカラオ・セコが、やがてスペイン漁船にとって貴重な収入源となっていったのです。現在でも、バスクの漁船はタラ漁のため、テラノバ海峡をはじめとする遠洋まで出掛けていきます。そして最高の品質のバカラオは、船の上で塩蔵したものと言われています。

バカラオは十七世紀以降のスペインの食生活に広く定着していきます。バスクなどの港を拠点として、バカラオ・セコはスペイン各地に運ばれ、内陸部での貴重な魚として愛用されました。だからこそタラに関する限り、この時代から現在まで一貫して、塩蔵したものが生より遥かに多く使われ、また好まれるというスペイン料理の特色は変わっていません。

こうして、新鮮さを要求される白身魚は、山越えの多いこの国では高価な食材として扱われ、単価の安い青身魚は、一部の加工食品を除いて、中央部に届くことなく漁港で消費されるという、スペインでの魚の消費体系ができてきました。言い換えれば、魚に関する限り中世カスティーリャ王国の嗜好と内陸型食文化の伝統は、そのまま現代の食卓まで受け継がれてきたことになるのです。

2. 各地の魚料理

「シグロ・デ・オーロ」（黄金の世紀）と呼ばれる中世後期に、スペイン料理は、その広大な領地からさまざまな影響を受けました。イタリアを中心とする食文化圏から影響を受けた、地中海沿岸地方のバリエーションに富んだ魚料理の系譜もそのひとつです。しかし、十六世紀初頭のノーラの本に見られるペスカード・アスル（青身魚）の料理のような独自の個性を持つ地中海系の料理は、結局全国的な規模に広まることなく終わってしまいました。それに代わって十八世紀以後、スペイン料理におけるナショナリズムの台頭のなかで、近代の料理人たちは新しい魚料理の系譜を作り始めます。

スペイン料理の世界が劇的な発展を遂げたこの十年あまりを除いて、つい最近までスペイン料理界の指導的地位にある料理人たちが、ほとんどバスク出身者で占められてきたというのは、決して偶然ではありません。バスク地方が、ガストロノミアに関して長く豊かな歴史を持つ地方だからというだけでなく、スペイン料理の体系のなかで魚料理が大きな重要性を持っているからです。

バスク地方はビスケー湾に面し、常に魚介類を基本として料理の特色を形作ってきました。地中海側の魚料理を代表するカタルーニャ地方と並んで、バスク料理は、この国の料理体系の基本をなしていると言っても過言ではありません。

この二つの地方に、豊富な漁場を持ち魚介類の宝庫とまで言われるガリシア地方を加えて、大西洋、カンタブリア海、地中海という各海域にわたっての、魚料理の分布を見てみましょう。

現代のスペイン料理で、中世にはあんなにも個性的な部門を担っていた青身魚が、軽視される傾向にあることは否めません。漁獲量としては、総量の約四〇パーセント前後を青身魚が占めているのですが、消費者の白身魚への嗜好はさらに強く、輸入に頼るまでに至っています。その裏には、「青身魚は脂肪分が高い」「白身魚の方が高級」という、固定してしまった偏見だけでなく、そもそも新鮮な青身魚が内陸に輸送できるようになったのがまだ、つい近年であって、内陸部の人たちにとっては馴染みがないというごく基本的な問題が立ちはだかっているからです。政府は繰り返し、「ペスカード・アスルを食べよう!」というキャンペーンを打っていますが、その効果はまだまだ実感できません。

メルルサは近代以後、常にスペインで好まれる魚のトップの座にあり、高価ではありますが、どんな内陸部でも良い状態のものを入手できます。日本では評価の低いこの魚が、スペインでこんなにも好まれる最大の原因は、近海から新鮮な状態で入荷するため、風味、質感共に優れたものが多いからです。

メルルサの料理で最も有名なのは、バスクの「メルルサ・エン・サルサ・ベルデ merluza en salsa verde（緑のソースのメルルサ）」でしょう。十八世紀にできたと言われるこの料理以外にも、バスク地方にはメルルサを使った秀作が沢山あります。いずれも特徴とするのは、カスエラ・デ・バロ（土鍋）を使い、魚そのものから出るエキスをソースとして仕上げることです。またメルルサの下顎の部分はココチャ cococha と呼ばれ、とりわけ風味のある部位として好まれます。

ガリシアでは名産のジャガイモと煮て、アストゥリアスでは同じく名産のリンゴ酒を加えてと、ビスケー湾から大西洋にかけての地域がメルルサ料理の中心ですが、モロッコ及びアフリカ北東岸で獲れるメルルサを使ったマラガ風などもあります。

次いで人気があるのはルビーナ lubina（スズキ）、ドラーダ dorada（黒ダイ）、ベスーゴ besugo（真ダイ）などの白身魚です。

ベスーゴの主な水揚げは北部ビスケー湾ですが、首都マドリードでクリスマス・イブにベスーゴ・アル・オルノ besugo al horno（タイのオーブン焼き）を食べるという習慣が古くから定着していたために、内陸でも馴染みの深い魚となっています。「ベスーゴはラバを殺す」という古い格言は、ビスケー湾から中央部へと、タイを新鮮なまま運ぶのがいかに大変であったかを物語っています。マドリードでは、クリスマスのメニューであるということは別にしても、北部から輸送されるベスーゴは、今でも高級魚のシンボルです。

ベスーゴは、マドリードに限らずオーブンまたは鉄板で焼くのが基本です。淡泊な風味を生かした単純な調味が普通で、地方によってニンニク、またはトウガラシなども加えます。

ドラーダは、ビスケー湾だけでなく、地中海でも良質のものが獲れます。基本的にはベスーゴとよく似た扱いをしますが、特色を発揮するのは「ドラーダ・ア・ラ・サル dorada a la sal（黒ダイの塩焼き）」という料理です。これは、下拵えした魚に厚く岩塩を載せて覆いオーブンで焼く料理で、ムルシアの沿海地方及びアンダルシア東部のものです。この料理のルーツは、魚を泥で覆って薪の炎から防いで調理したカルタゴ、あるいはギリシャの習慣にあると言われます。素材の新鮮さを最大限に要求することから近年再評価され、新鮮な魚を売り物とするレストランの看板料理ともなっています。

これらの白身魚とは別に、スペインの魚料理の体系のなかで、別個に章を設けてもいいほど大きな位置を占めているのが、バカラオ bacalao（塩ダラ）です。内陸部で安易に入手できるため、古くから重要視され、十九世紀後半には国の専売品として制定された時期もありました。今世紀に入ってからも食材としての価値は常に大きく、北欧からも輸入するほどの需要があります。

バカラオの料理は、塩蔵品としてのバカラオの生産地でもありタラ漁船の入港地でもあるバスク地方にまず、独自の展開が見られます。バカラオ・アル・ピルピル Bacalao al pilpil、ア・ラ・ビスカイーナ a la vizcaína、クルブ・ラネロ club ranero など、いずれもカスエラ・デ・バロ（素焼きの土鍋）とバカラオが出会って生まれた優れた料理ばかりです。

一方、カスティーリャ、ラ・マンチャなど内陸の地方にも、バカラオ料理は数多く見られます。こちらは庶民が日常使える安価な魚として、バカラオの役割が常に大きかったからです。

例えば、バカラオ・アル・アホアリエーロ bacalao al ajoarriero はラバ追いのという名前がついているとおり、内陸部の広大なメセタ（台地）で生まれた料理で、バカラオとニンニクとオリーブ油を練り合わせた素朴な料理です。最もシンプルなラ・マンチャ地方のものから、次第に洗練された味になりつつ、北上してナバラ地方に至る変化の経由を辿ることができます。

他に、蜂蜜をフライの衣に使うカタルーニャ風、アーモンドをソースとするアンダルシア風など、各地方の特色を生かしたバカラオ料理は枚挙に暇がありません。一方、同じくバカラオを多用するポルトガルに隣接していながら、ガリシアでバカラオがそれほど使われないのは、新鮮な魚介類が余りにも豊富なためでしょう。

また、コミーダ・デ・ビヒリア（精進料理）としてのバカラオの役割も見落とすことはできません。長いあいだカトリックの支配力が強かったこの国では、バカラオは精進料理のための食材としても普及したのです。今も各地の修道院に、ポタヘ（スープ）、ブニュエロス（衣揚げ）、トルティーリャ（オムレツ）などさまざまな形で、精進日のためのバカラオ料理が伝えられています。

内陸部の魚として、川魚の存在も無視できません。代表的なものはトゥルーチャ trucha（マス）でナバラ、旧カスティーリャなどにさまざまな料理が分布しています。渓流のものは比較的癖がないため淡泊な味が好まれ、なかでもエブロ河上流のものは品質がいいとされています。ナバラでは生ハムをはさんで、レオンでは豚肉、ニンニク、ピーマンなどを組み合わせて調理します。エスカベッチェ escabeche（一度揚げてからソースに漬け込む）という、これもスペイン古来の調理方法を使ったマス料理も、内陸部全域で一般的です。

青身魚の大部分は、内陸部では加工食品となって消費されます。缶詰その他の加工産業はガリシアを中心にバスク、アンダルシア、カナリアなどで行われています。その素材はサルディーナ sardina（マイワシ）をトップに、アトゥン atún（マグロ）、ボニート bonito（カツオ）、ボケロン boquerón（ヒコイワシ）などです。サルディーナの大半は油漬けで、ボケロンは塩と酢の中で熟成させてアンチョーア（アンチョビー）として、あるいは生のまま酢に漬けたボケロネス・エン・ビナグレとして全国市場に出回るのです。

このなかでマグロについては、日本市場の熱狂的なマグロ獲得への意欲がスペイン市場をも動かし、今や安価なツナ缶とするだけではないマグロの活用法が注目されてきています。ベントレスカ（とろ）の部位だけを良質のオリーブ油に漬け込んだ缶詰が発売されるなど、スペイン人のマグロへの目線はいくらか変わってきたといっていいでしょう。

しかしそれらの加工品を除くと、青身魚の料理は各沿岸地方の伝統料理にしか登場しません。その意味で、最近の若手シェフたちの創作料理のなかに、新しいインスピレーションの源としてイワシなどをはじめとする青身魚がしばしば登場しているのは喜ばしいことです。こうした流れが、スペイン人に、かつて存在していたはずの地中海系の青身魚の料理への嗜好を目覚めさせ、従来の消費体系を打ち破るきっかけとなってくれるかもしれません。

第十一章 マリスコ（シーフード）

marisco

マリスコ marisco は、広義には海産物全般を指しますが、食文化の世界では普通、甲殻類及び貝類を意味します。つまり、日本語の「魚介類」を正確に訳するなら、ペスカードとマリスコの総称ということになるでしょう。

スペインでは、古くからマリスコの料理がありました。十六世紀初頭のノーラの本にはすでに、カラマール（イカ）、ヒビア（コウイカ）、プルポ（タコ）、タジーナ（ホタテガイ）、オスティア（カキ）などが登場します。ただし、その調理法はかなり限られたものでした。

例えばカラマール calamar は、ポタヘ（スープ状に煮込んだもの）だけが紹介され、その調味はアーモンド、干しブドウ、松の実などを用いたノーラ独特のものです。なお、この頃から、スミイカがその他のイカと区別して呼ばれているのは、興味深いことです。現在もスペインでは、セピア sepia（スミイカ）以外をカラマールと総称する習慣があるからです。

それに比べてプルポ pulpo の扱いは、はるかに変化に富んでいます。「よく叩き、柔らかくしてから茹でる」という基本的な処理方法は現在と変わりません。茹でてペレヒル（パセリ）のソースを添える、鉄板で焼いてニンニクとオリーブ油で調味するなどといった食べ方も、基本的には現在と同じ系列のものです。プルポに関しては、この時代以後、調理法がさほど進歩しなかったと言ってもいいかもしれません。

ホタテガイは、土鍋で油を使って開かせ香料を加えるという、現在にも通用する調理法で紹介されています。ただ、この時点では、現代のスペインで好まれているようなさまざまな二枚貝は、まだ登場していません。

オスティア、またはオスティオンは、一般のオストラ ostra（カキ）より大振りの、ポルトガル系のものを指します。現在も、マドリードなどの内陸部に届くのは、主にこのタイプです。ほぼ全面的に生で食べる現代とは対照的に、油で揚げてエスカベッチェにする、コショウ風味で焼く、水と油で煮込みタマネギのソフリートを加えるなど、さまざまな調理法で扱われています。

ノーラは、当時シシリア、ナポリなど地中海沿岸に広く領土を持つアラゴン王に仕える料理人でした。

しかしその後カスティーリャ王国の優勢と共に、スペインの宮廷が内陸の中心部へと移動するのと同時に、スペイン料理の主流は地中海の料理から隔たっていきます。

したがってモンティーニョ、グラナドスなど、カスティーリャ王国に仕える宮廷料理人のメニューには、マリスコはほとんど登場しません。

鮮度を必要とするこの種の食材の輸送が、この時代においていかに困難だったかを考えれば、当然のことと言えるでしょう。逆に大食漢として知られたカルロス一世が、引退後もいつもカキを欠かすことのない食卓を用意させていたというエピソードは、それがいかに大変な贅沢であったかを物語ることになります。

十九世紀になって、ムーロは彼の本にマリスコの章を設けています。まず「本来、マリスコスはその漁港近くで食べるべきものである」と断った上で、アルメハ almeja（アサリ）、オストラ、ランゴスタ langosta（ロブスター）、カングレホ・デ・マル cangrejo de mar（カニ）、カングレホ・デ・リオ cangrejo de río（ザリガニ）などの取り扱い方と、いくつかの調理法を述べています。

この本に「アルメハスとオストラスは、生で食べるのが最も消化が良い」と書かれていますから、この種の二枚貝を生で食べる習慣はこの時代にはすでに、ある程度定着していたと思われます。

現在もスペインには、オストラ以外に、アルメハ、ベルベレッチョ berberecho（ザルガイ）、ナバハ navaja（マテガイ）などを生で食べる地方が散在します。これは沿岸部の漁師の習慣が、ごく自然に取り入れられたものでしょう。

マリスコの産地として代表的なのは、疑う余地なくガリシア地方です。その種類の豊富さ、漁獲量、鮮度は他の地方の追随を許しません。

ガリシアで有名なのは、まずオストラでしょう。リアスと呼ばれる入り組んだ入江を持つ海岸線、とりわけビゴの周辺では、ヨーロッパ最高の品質と言われるカキが養殖され、フランスにも多量に輸出されています。

ビエイラ vieira（ホタテガイ）、メヒジョン mejillón（ムールガイ）などがそれに続きます。ホタテガイは、サンチャゴ・デ・コンポステーラ（ガリシアにある中世の三大聖地のひとつ）に参詣する巡礼たちのシンボルとして有名でした。御存知のように、フランスではこの町の名から取ってホタテガイをサン・ジャックと呼びます。ガリシアを中心に、ビスケー湾沿岸全域で良質のビエイラスが採れます。

ムール貝は、特にガリシアでは養殖も盛んで大量に採れ、マリスコスのなかでは最も安価です。生息する場所が往々にして汚いことから、スペインの料理人は貝殻ごと使うのを嫌がる傾向があります。スープなどに使うムール貝は、一般的に殻をはずした状態で加えるのです。

アサリ、ザルガイなどの類もやはり、ガリシアからビスケー湾にかけてのものが代表的で、「アルメハス・ア・ラ・マリネーラ almejas a la marinera（漁師風のアサリ）」としてスペイン中でポピュラーな料理も、カンタブリアが発祥の地です。ガリシアでは、ザルガイはエンパナーダの中身としてもよく使われます。

タコの最大の産地もガリシアで、日本へも輸出しています。「プルポ・ア・フェイラ pulpo a feira（祭りのときのタコ料理）」をはじめ、素朴なガリシア料理にタコは欠かせない食材です。

現在タコの料理は、わずかに地中海岸のマラガなどに見られるものを除いて、ガリシア風と呼ばれるものがその大部分を占めているのです。

それに対してカラマールは、むしろカンタブリア、バスクなどを中心とします。とりわけ、チピロン chipirón（ヤリイカの系統の小さなもの、ヒイカ）を使った「チピローネス・エン・ス・ティンタ（イカの墨煮）」は、代表的な料理と言えるでしょう。これは、イカの墨の風味と野菜の甘みを生かしてソースを作り、チピロンを丸ごとさっと煮込んだバスク独特の料理です。

一方「カラマーレス・ア・ラ・ロマーナ calamares a la romana（ローマ風のイカ）」は、輪切りにしたイカをレボサールと呼ばれる衣を付けてフライにするもので、スペイン全土で最もよく使われる調理法です。

ランゴスタ、ランゴスティーノ langostino（クルマエビ）の類は大きさによって区分され、また地方によって名称が著しく変わります。マリスコのなかで、このエビの類だけが、ビスケー湾沿いだけでなく地中海沿岸でも良質のものを産します。とりわけカタルーニャ地方には、ロブスターを中心に豊富なマリスコの料理があります。例えば「ランゴスタ・コン・ポージョ langosta con pollo」は、ロブスターと鶏肉を一緒に調理してチョコレート風味のソースをかけるという、カタルーニャ独自の料理のひとつです。この料理はまた、カタルーニャ独自の嗜好である魚介類と肉類を一緒に調理する「マル・イ・モンターニャ mar y montaña（海と山）」と呼ばれる料理の代表的なものでもあります。

また、広くエビ一般という意味では、代表的なガンバ gamba を筆頭に、こちらも大きさと産地によっていくつもの名称と種類があります。キスキージャ quisquilla、カマロン camarón などがその一例です。

カングレホ cangrejo、セントージョ centollo、ネコラ nécora などのカニの類は、輸送が困難なため沿岸地方以外ではきわめて高価で、出回る量もわずかです。それに対してカングレホ・デ・リオ cangrejo de río（ザリガニ）はマドリードをはじめカスティーリャ地方でよく用いますが、その調理法はいたって単純なものばかりです。

このように見てくると、大部分のマリスコの主産地はビスケー湾沿岸であり、各々のマリスコの料理のルーツはガリシア、カンタブリア、バスクなどの北部地方にあることがわかります。にもかかわらず、カタルーニャの「サルスエラ・デ・マリスコス」、バレンシアの「パエーリャ・デ・マリスコス」のように、複数のマリスコを使った料理の代表的なものはいずれも地中海側で生まれているというのは、一見不思議な現象に見えます。

バスク地方は、ビスケー湾の素材を使って昔から独自の料理体系を生み出してきました。しかしその基本は、素材が豊かで良質であるがゆえに単純です。「できるだけシンプルに素材そのものを生かす」というスペイン料理の基本形が、バスク料理にそのまま具現されているのです。それに対して地中海地方では中世以来、海を越えて入ってくるさまざまな国や民族の料理が重なり合い、その上に、より複雑な嗜好と素材が組み合わさった新しい料理体系が築かれてきました。

こうした成り立ちの違いから考えていくと、このような料理の特質の違いも理解することができるでしょう。

現在、構築されつつある新しいスペイン料理の世界は、こういったスペイン文化の持つ多様性を踏まえた上で、バスクの伝統と地中海の前衛、北部の素材と南部の調理法といったさまざまな可能性と出会いを模索しながら、形作られてきていると言ってもいいかもしれません。

第十二章

カルネ（肉）

carne

1．肉食の歴史と現状

スペイン料理を、地中海文化圏に属するという観点から、魚介類中心に定義付けようとする発想がよく見られます。しかし本来のスペイン料理は、はるかに多くの部分をカルネ carne（肉類）に依っています。狩猟民族であり牧畜民族であったことの伝統は、三方を海に囲まれているという地理的条件にも増して、彼らの食生活の基盤を成していると言い換えてもいいでしょう。

スペインにおける畜産の独自性は、種類別の生産高の比率に、すでにはっきり現れています。世界の生産高の四〇数パーセントをボビーナ（牛）が占めているのに対して、スペインでは、約三八パーセントを上回る数字でポルシーナ（豚）が一位であること。世界的には八パーセント内外しかないオビーナ（羊・山羊）が、スペインでは一五パーセント近くを占めていて、ほとんどアベ

（鳥）に近いパーセンテージであることが、その顕著な特徴です。

同じ地中海沿岸の国々でも、イタリアの畜産の六〇パーセント以上、フランスの五〇パーセント以上を牛肉が占めていることからも、スペインの二六パーセントという牛肉生産の比率がきわめて低いものであることがわかるでしょう。

こういった要件から浮かび上がってくるのは、気候条件が過酷で牛のための牧草の成育しない土地、山羊の牧畜だけがかろうじて可能であるような険しい山岳地帯といった、イベリア半島の自然環境そのものと言えます。

地方別に眺めると、この状況を一層具体的なものとして捉えることができます。

牛の生産の四四パーセントは、アストゥリアス、カンタブリア、ガリシア、そしてバスクというすべて大西洋の内海ビスケー湾に面した北部沿岸地方に集中しています。なかでもアストゥリアスとカンタブリアはその中心ですが、この一帯がスペインでも有数の沃野であること、酪農に適した気候条件を満たす数少ない地方であることを考えれば、当然のことでしょう。

対照的に、降雨量の少ない中央部は牛に関しては最低の数字を示し、一方では羊・山羊などの生産の中心となっています。新・旧カスティーリャ、アラゴン、エストゥレマドゥーラ、アンダルシアといった地方がその生産の七六パーセントを占め、とりわけエストゥレマドゥーラは、大きな面積を牧羊にあてています。

豚の生産ではそれほど顕著な地方による偏りはなく、ほぼ全国的に分布しています。比較的中心となるのはガリシア、アストゥリアス、カタルーニャ、バレアレス諸島などの沿岸地方です。後でハモンJamón（生ハム）などに関連して述べることになるように、イベリコ種の豚に関してはエストゥレマドゥーラとアンダルシア西部が大きな重要性を持つことになるのですが、生産量という観点から見れば、それはむしろ小さな割合に過ぎないからです。

鶏は、カタルーニャと新・旧カスティーリャでその半分を生産しています。これは、他の地方では他の畜産との並行生産が多いのに対して、新カスティーリャとカタルーニャでは鶏専門の生産業者が多いことを示しています。

生産高に見られるこれらの特徴は、スペイン料理体系における肉料理の配分にも、はっきりと具現されています。つまり、牛肉が量的には次第に消費量が増えつつあるにもかかわらず、料理としての重要性という視点からはさほど大きな比率を占めていないこと。羊・山羊の肉の消費量は近年やや減少の傾向にあるのですが、それでも肉料理というジャンルのなかでの重要性は減じていないこと。安価で健康的な肉として鶏肉の需要は増えつつあるが、それにも増して豚肉の消費は安定して伸びていて、なかでも加工品という形での豚肉が大きな頻度で使用されていることなどです。

食生活のなかでの肉料理の位置付けの根拠を探るには、スペインの歴史をはるかに遡らなくてはなりません。

五世紀からイベリア半島ほぼ全域を支配してスペインの基礎を作った西ゴート族の食生活では、

豚が最も重要な肉で、次いでは羊と牛などでした。豚と家禽類を飼うことは彼らにとってきわめて基本的な生活形態であったと思われます。この時すでに、豚肉を好みハモンやエンブティードス（腸詰類）を作って常備するという、スペイン人の嗜好の基礎が築かれていたと言えるでしょう。

しかしその後イスラム教徒が海を渡って来て彼らの王国アル・アンダルスを築くと共に、中世前期のイベリア半島には、イスラムとユダヤ教徒、キリスト教徒の混在する時代が訪れます。それに伴って、肉食の分布も大きく移り変わることになります。

この時期には、イスラム教徒とキリスト教徒のあいだに度々戦いが起こるとはいえ、一応は三者が共存する形が成り立ちました。そこで、三つの異なった宗教を奉ずる異なった民族の人々は、各々の地域、商人などを確保することによって、それぞれの主義主張を貫こうとしました。つまり、キリスト教徒王国内、ユダヤ人居住地区、イスラム人支配地区が、それぞれのルールのもとに肉を扱うようになったのです。

キリスト教徒の王国内では、それまでの流れを受け継いで、きわめて早い時期にカルニセリーア（肉屋）という職業が確立していました。当時のカルニセリーアは家畜を殺してその肉をさばいて売るという、現在でいうマタデーロ（食肉処理業者）とカルニセリーアを一手に引き受けた形であったと思われます。

十一世紀のレオン の法典、または十三世紀初頭のマドリードの法典などにすでに、肉の売買に関する法的な定めが詳細に規定されています。このことからも、食生活のなかで肉が占めていた大きな役割が想像されます。当時のカルニセリーアで、彼らキリスト教徒の必要とする肉の一切、即ち豚肉をはじめとして牛、羊などすべてが扱われていたことは言うまでもありません。

一方、ユダヤ教徒のためには、彼らの宗教に基づいて特殊なマタデーロが必要でした。「動物の血を食してはならない」という条件を筆頭に、彼らの教えにすべて従って殺した動物しか、食べることができなかったからです。同時に、ユダヤ人のための方法で屠殺された肉をキリスト教徒が売買することは法典で禁じている地方が多かったため、彼らは自分たちの肉を、いわば自給自足の形で確保せざるを得なかったのです。

イスラム教徒たちの条件は、いくらかユダヤのそれに似ていました。彼らの宗教も、動物の屠殺方法、種類などを細かく規定していたからです。野獣、荷役獣を食べることは禁じられていたので、彼らが食べることができるのは牛、羊、山羊などで、なかでも羊はその重要な部分を占めていました。

またイスラム教徒は豚肉を一切食べず、キリスト教徒たちにとってのマタンサ（豚を屠殺してさまざまな保存食品を確保すること）に代わるものとして、羊または山羊を屠殺してアラーレと呼ばれる食品を作るのを習慣としていました。

こうした状況を一変させたのが、キリスト教徒によるレコンキスタ（国土回復運動）です。新たなキリスト教王国は、かつての支配者であったイスラムと豊かな経済力を持つユダヤに対して、宗教を楯に彼らを追放し、あるいは改宗と財産の没収を条件に居住を許すという形でその勢力の一掃を図ります。共存の時代は終わり、厳しい不寛容の時代が始まりました。

カトリックに改宗してスペインに残ることを選んだイスラム教徒及びユダヤ教徒たちは、しかしそれで安心できたのではなく、常に異端審問の恐怖におびえながら暮らすことになります。隣人すら、いつ異端審問所への密告者となるかわからないという状況で、彼ら改宗者にとって、キリスト教徒たちの好む豚肉を食べることは、改宗を裏付け、生き延びるための重要な妥協となるのです。

この時代以降のスペイン料理は、当然のことながらキリスト教徒の好みを基盤としたものとなります。そこに、隠された形ながらもイスラムとユダヤの影響が加えられて、豚肉、次いで羊・山羊、牛肉、鶏肉という肉料理の序列が確立されていくのです。

2. 肉の調理

スペインにおける肉の最も重要な料理法は、歴史的に見ても常にアサード asado（ロースト）でした。そこで、アサードに適している順に、肉に価値評価が与えられてきたと言うことができます。

十六世紀初頭のルペルト・デ・ノーラの本では、章のタイトルにすでにエル・トリンチャンテ

el trinchante という言葉が出てきます。これは肉を切り分けるという仕事、またはそれを職業とした宮廷の給仕を指し、この時代にそういう専門職が存在したことを示しています。

本の第一章は「テーブルでの肉の切り分け方」というタイトルで、このことからも当時の料理、ないしは食事の最も重要にして基本的な要因が肉であったこと、さらにこの時代のスペイン料理においては、アサードにされた肉がほとんど常に大きな塊として食卓に運ばれ、そこで切り分けるという形態であったことが推測されます。

ここではレチョン lechón（離乳前の仔豚）を筆頭にバカ vaca（牛）、コネホ conejo（兎）、カルネーロ carnero（羊）といったあらゆる種類の肉のアサードの切り分け方が説明されています。アサードの性格上、柔らかくてかつ風味のある肉が好まれたことは間違いないでしょう。仔豚、仔羊、仔山羊、仔牛など若くて柔らかい肉、なかでもレチャル lechal と呼ばれる離乳前の動物の肉を肉類のなかで最も高く評価するというスペイン料理の習慣は、この時代にすでに定着していたようです。

十九世紀のスペインを旅して料理や食物について書き記したアレクサンドル・デュマは「スペインではコルデーロ（仔羊）が安くて、アサードなどにしてよく食べる。山羊も同様である。残念なのは、ウサギやウズラなどの野禽が安くて上質であるにもかかわらず料理の方法が乏しく、そのほとんどをフライパンで焼くかエストファード（煮込み）にしてしまい、アサードにしないことである」と述べています。

デュマの見聞がやや局部的なものであることは別としても、確かにスペインでは、アサードと言えばまずコルデーロ cordero を意味すると言って言い過ぎではないでしょう。次いでカブリート cabrito（仔山羊）、コチニージョ cochinillo（仔豚）などが続きます。それらの肉に関して、常により優れた質と風味が追求されてきたことは言うまでもありません。

近世スペインは、シグロ・デ・オーロ（黄金の時代）と呼ばれながらも現実には庶民にとっては飢えの時代であった中世後期を引き継いで、より一層の貧困と混沌のなかに始まりました。当時、言い習わされるようになった「ガト・ポル・リエブレ」という言葉は、野ウサギと称して猫の肉を売るという意味で、品質にはお構いなしで詐欺めいたことも平気で行われていた、当時の肉屋やタベルナ（居酒屋）の商売の在り方を揶揄し象徴しています。

肉の消費量はこの時代に大きく落ち込んだまま、二十世紀の市民戦争のあとも一九六〇年前後まで、長く尾を引くことになります。しかしその後、奇跡の経済復興を経て、現在の国民一人当たりの肉の消費量は年間五四キログラムで、食糧に関する出費額の二六パーセントと一番大きな比重を占めるに至っています。これに対して伝統的なスペイン料理の大きな部分を占めてきた豆類などの植物性たんぱく源の摂取は減少傾向にあり、それに代わって乳製品の消費が増えてきています。こういった消費の傾向を見てもなお肉類について残る問題点は、むしろ経済的観点ではなく、肉類の料理方法のバリエーションの貧困という問題でしょう。

スペインでは現代の食卓においても、アサード以外の肉類の調理としては、デュマも記しているように、フライパンで焼くか、野鳥などによく見られるように蒸し煮にするなど、ごく限られた調理法しか存在しないというのが現実です。そこで再び、「ソースに依存しない料理」という、再三取り上げてきたスペイン料理の特質に目を向けないわけにはいかなくなるのです。

かつて、スペインでの肉類の調理は、アサードとオーリャという二つの料理法に限定されていました。即ち、丸ごと焼くか、丸ごと煮るかという選択です。

その内のオーリャで煮るという調理法は、肉類を主体としたものから、むしろ野菜を中心とした料理へと移行してしまいました。その結果、カスエラなどのより微妙な調味を特徴とする調理法が台頭するようにはなったものの、本質的な意味での肉の調理法としては唯一アサードだけが残ったのです。

十九世紀のムーロの本で牛肉の章を見ると、まず初めに出てくるのがイギリス伝来のビフテク（ビーフステーキ）であることからも、スペイン本来の肉の調理法がいかに限られたものであるかを想像することができます。

むしろ独自の個性が感じられるのは、肉類のなかでも胃袋、肝臓、腎臓、そして脳みそなどのアサドゥーラス asaduras（内臓）料理に関してかもしれません。

カスケリーア（臓物専門店）は、現在もスペインの多くの市場で肉屋の二〇ないし三〇パーセントの比率を占めており、安価で栄養価の高いたんぱく源としてのアサドゥーラスは広く人々に好まれています。

代表的なもののひとつとして、カジョス callos と呼ばれる牛の胃袋の煮込み料理を見てみましょう。カジョスは、きれいに洗浄した胃袋を茹で、主にトマト味を中心とした調味で煮込んだ料理で、スペイン各地にそのバリエーションを見ることができます。

ムルシアからアンダルシアにかけてのスペイン南部のそれは、特にピカンテ（辛い味）を特徴とし、たいていガルバンソを加えます。それに対してマドリード風は、トマトにさらにネギやニンジンなど野菜の甘味を加えて仕上げ、エストゥレマドゥーラではトマトなしでニンニクとタマネギ、仔羊の足などのコクで味を整えます。それぞれの地域の気候と産物を軸として、カジョス料理がスペイン全土に展開されていることがわかるでしょう。

豚のマノス manos（前足）、パタス patas（後足）、仔羊のカベサ cabeza（頭）などは、さまざまな料理の調味のために使われます。ことに豆を主体とした煮込み料理では、ほとんど必ずこれらの素材が、動物性の味の補足に使われています。そこにさらにゼラチン質の豊富な豚のオレハ oreja（耳）やトシーノ tocino（脂身）などが加えられて、カルド（スープ）を濃厚な味にしていきます。

野菜を主体としたポタへ、カルド、コシード、エスクデーリャなどの名で呼ばれる煮込み料理は、こういったアサドゥーラスのカルドをベースとして成り立っているのです。

なお牛肉に関して注意したいのは、スペインではバカ vaca（雌の成牛）の評価がきわめて低く、価格的にも基本的な牛肉と豚肉のあいだには、ほとんど差がないということです。ただ、「柔らかい肉を好む」スペイン人の嗜好から、ソロミージョ solomillo（フィレ肉）など一部の部位が高級品とされ、同じ理由から、テルネーラ ternera（仔牛）も高級な肉として扱われます。ただし羊、山羊、豚の場合にはレチャルが珍重されるのに対して、テルネーラの場合には、風味が加わるように草を食べ始めてからの方がより高く評価されます。

カサ caza（野禽、ジビエ）は、狩猟民族としての長い伝統を持つスペインではかなりポピュラーです。解禁時期が厳しく定められていることから、スペイン料理のなかで、もっとも明らかに季節感の感じられる食材と言ってもいいかもしれません。

しかし動物の種類も多く、広く好まれるにもかかわらず、先ほど紹介したデュマの文章にもあるように、調理法に関しては昔から現在まで余り変化がありません。各地方に固有のカサの動物があり、それにふさわしい料理があるには違いありませんが、その選択の幅はごく限られているのです。

スペインでのカサの主流はウサギや野鳥類などカサ・デ・プルマ caza de pluma（羽毛のジビエ）で、イノシシや鹿などのカサ・マジョール caza mayor（大型のジビエ）は比較的限定された地方でのみ定着していますが、各地域の狩猟保護動物の解禁日リストを見ると、驚くほどの種類のカサが存在することがわかります。

そのなかでも代表的なリエブレ liebre（野ウサギ）、ペルディス perdiz（ヤマウズラ）、コドルニス codorniz（ウズラ）などは、秋から冬にかけての時期を中心に市場に登場し、エストファード（蒸し煮）、または野菜や香草を加えた煮込みなどの形で消費されます。ヤマウズラのトレド風、野ウサギの狩人風など、どれも内容はごく素朴な煮込み料理です。

一方カサ・マジョールのシエルボ ciervo（鹿）、ベナード venado（カモシカ）などは豪華な肉料理としてクリスマス時期のメニューにしばしば登場しますが、こちらは、取り扱いが難しいためレストランの料理として定着している感があります。カサの通例として、「その動物が好むフルーツをグアルニシオン（付け合わせ）として添える」という伝統が今も守られていて、煮込んだブドウ、洋ナシ、リンゴなどが、それぞれの動物に添えて出されるのもカサの料理の特色のひとつです。

かつてナポレオンの時代に、スペインのエストゥレマドゥーラ地方に駐屯したナポレオン軍の将軍によって「アルカンタラ風」と呼ばれるウズラないしはキジの料理がフランスへと持ち込まれたというエピソードは有名ですが、現代の西欧料理界をリードしているスペインのシェフ、フェラン・アドリアが、野菜と魚中心できわめて肉料理の少ないメニュー展開のなかで、肉としてもっとも好んで使っているのがウズラ、ノウサギなどのカサの肉です。このことは、これまで進歩が止まっていた感のあるカサの料理が、これからはもっと大勢の料理人に注目されて、第二のアルカンタラ風ならぬエル・ブジ風として展開していくきっかけになるかもしれないという、希望を抱かせてくれそうです。

3．豚肉の加工食品

スペインでの肉料理が、食生活のなかでは常に大きな比重を占めながらも、料理そのものとしては変化に乏しい傾向にあるということをこれまで述べてきました。肉料理というジャンルの中で最もスペイン的な、あるいは個性的な存在といえば、ハモン、チョリソなどの豚肉の加工食品でしょう。

これらの食品は、かつてほとんどすべてがマタンサ matanza によってつくられていました。豚を屠殺して各種の保存食品を加工するというこの作業は、家単位、あるいは村などの集団単位での季節の行事としての生活習慣から、工場などでの大量生産へと形を変えながらも、食生活の根底を常に支えてきたのです。

スペインの諺では「すべての豚には、それぞれのサン・マルティンがくる」と言います。これは、すべての物事にはその定められた結末がくる、といった意味で、十一月十一日の聖マルティンの日を皮切りにマタンサが始められるという長い年月にわたった伝統を物語っています。

ハモン jamón という言葉は、本来は広義のハム全般を指し、ハモン・デ・ヨルク jamón de York（イギリス式の調理したハム）なども含みます。しかし、現実にスペインでただハモンと言えば、ほとんどの場合ハモン・セラーノ jamón serrano（生ハム）を意味します。

セラーノとは〝山地の、山岳地帯の〟というような意味で、事実この種のハモンは昔から、主に山岳地帯で作られてきました。古くからの主要なハモンの産地を並べてみると、海抜七〇〇から一〇〇〇メートルのあいだにそのほとんどが網羅され、夏の比較的おだやかな暑さ、冬の厳しい寒さと山から吹き下ろす乾いた風、一日のなかでの大きな温度差などといった、共通の気象条件を満たしていることが明らかになります。

ハモン・セラーノは、豚の後ろ足を太腿の部分から切り取ってまず岩塩に漬け込み、塩を洗い落として乾燥した後に、六カ月くらいから二年以上の熟成期間を経て完成されます。ちなみに、前足で同じように作ったものはパレタ paleta と呼ばれます。

熟成期間が長いために肉はかなりの硬度を持つことになりますが、その乾燥度と熟成度のバランスをコントロールするのが、肉の外側に付いた脂肪層の質と厚さであり、熟成させる場所の温度、湿度などです。

近年の工場生産によるハモン作りでは、過去のデータに基づいた最良の熟成環境を人工的に設定しています。が、それでもなお、名産地と呼ばれる標高の高い場所で自然熟成したものと同列に評価できる段階には至っていません。

ハモン・セラーノのなかでも特に高く評価されるのがハモン・イベリコ jamón ibérico です。これはセルド・イベリコ（イベリコ種の豚）で作ったハモンのことで、イベリコ種の豚は特徴として蹄を中心に足の先が黒いため、通称パタ・ネグラ（黒い足）とも呼ばれてきました。

ヴィシゴート、ローマ時代などのモニュメントや、さらに時代が経ってからは教会などの彫刻に頻繁にこのイベリコ種の豚の姿が登場することからも、イベリア半島の歴史に密着してセルド・イベリコの歴史が営まれてきたことがわかります。ヨーロッパに現存する豚のなかでもっとも原生種に近い、言い換えればイノシシに近いともいえるセルド・イベリコは、通常の白豚に比べて脂肪層が厚く、長い熟成期間をかけて適度の乾燥と風味を得ることが可能なため、より高級なハモンとして、とりわけ好まれるのです。またその脂肪は、白豚のそれより融点が低く、熟成期間中の気温が上がった時期に溶けて肉の赤身の部分に浸透していき、その結果として一種の霜降り状の肉が生まれることも、このタイプのハモンをいっそう特別なものにしています。

イベリコ種の主な飼育地域は、スペイン西部から南部にかけての一帯で、アンダルシア西部とエストゥレマドゥーラ全域が、歴史的にも最も重要な生産地です。そこは同時に広大なエンシナール（樫の林）を有する地帯でもあります。

このエンシーナ（常緑樫）、アルコルノケ（コルク樫）などの実であるベジョータ（ドングリ）が、セルド・イベリコの重要な飼料なのです。乳離れした後の数カ月をエンシナールに放牧してベジョータを食べさせ、冬期に肉が充実するのを待って屠殺するのが、理想的なハモン製造のためのローテーションとされ、そのように作られたハモンはハモン・イベリコ・デ・ベジョータ jamón ibérico de bellota と呼ばれる最高級品となります。こうしたランクのハモンは、今やスペイン国内だけではなく世界的に、トップクラスのハモンとして高く評価されています。

しかし一方でイベリコ種のハモン作りには、脂肪部分のパーセンテージが高く肉量が少ない、エンシナールの確保、放牧のための人手などでコストが高くつくなど、問題点もあります。そこで、イベリコ種とアメリカ系外来種などの交配で肉量を増やし、なおかつベジョータだけではなく穀物との混合やさまざまな組み合わせの飼料で生産周期を短縮するなどの試みが行われています。こういった交配を制限するために、ハモンにするイベリコは現在七五パーセント以上の純血を義務付けられています。

一九五〇年代には養豚頭数の四〇パーセント近くを占めていたイベリコ種が、現在では四から五パーセントしか生育していないことからも、純粋なハモン・イベリコがより高級品化していかざるを得ない背景が窺われます。

ちなみに、日本ではイベリコ種の豚が導入されるにあたって、ハモンではなく生肉としての輸入がなぜか注目されてしまったため、イベリコ豚の肉を「調理して食べるための高級な豚肉」として認識している傾向があるようです。しかしスペインでは、イベリコ種の豚はハモンを中心とする加工食品にしてこそ、その良さが発揮できるという認識があり、イベリコ種の肉が料理のための生肉として流通するということはほとんど考えられません。イベリコ種の魅力を真に楽しむためには、高価であってもハモンにするのが最良であるという知識だけは持っていたいものです。

ハモン・セラーノは、そのまま薄く切ってアペリティポとして食べるのが最も一般的ですが、その濃厚な味を生かして、各種のギソ（煮込み料理）の調味にも用いられます。特に野菜を中心としたギソやソパ（スープ）に少量のハモンを加えるのは、スペイン各地で見られる習慣です。また、肉を切り落としたあとのハモンの骨は、カルド（スープストック）を取るのに使われ、これもさまざまなギソのベースとなるのです。

エンブティードのなかで最もスペイン独自のものは、チョリソ chorizo でしょう。スペイン消費研究所によるチョリソの定義は、「豚肉を刻んだものとトシーノ（豚の脂身）またはラードを混ぜ、塩、ピメントン pimentón（パプリカ）、ニンニクその他で調味して天然または人工の腸に詰め、乾燥及び熟成期間を経たもの。赤い色（白チョリソと呼ばれるものを例外として）と、独特の香りと味を持つ」とされています。

この中で注目したい条件は、まず肉を必ずしも細かく挽く必要がなく、ごく荒く刻んだ程度の形状で用いられることが多いこと。そこに混入するトシーノなどの脂分の比率が、完成時のチョリソの固さ、味わいなどを大きく左右すること。そして、調味の基本が大量のピメントンに依っていることなどです。

チョリソは形、味、固さなどに幅広いバリエーションがあり、そのまま生で食べる、焼く、油で焼く、煮込むなど用途もさまざまです。形状については、三〇センチ前後の長さの細めのものがベラ、七センチ以上の直径の太いものがクラール、一〇センチ内外の長さのものを紐で括って連ねた最も伝統的なものがリストラなどと呼ばれます。

チョリソも本来は自然に乾燥・熟成させて作るものですから、その出来上がりは気候条件に影響されて部分が大きく、生産地によってはっきりタイプや味が異なっています。その影響で、現在でも生産地名を付けて呼ぶことで、各タイプを区別することが多いのです。

セゴビアのカンティンパロ、肉を細かく刻んだリオハ・タイプなどは保護地域指定がされています。さらにはナバラのチストーラ、燻製の強いアストゥリアス風など個性的なバリエーションが各地にあります。

チョリソの味の中心となるピメントンにはドゥルセ dulce（甘口）、ピカンテ picante（辛口）とその中間のオカル okal の三種類があり、これらの混合の比率がチョリソの味を大きく左右します。ピメントンはきわめてスペイン的なスパイスですから、それを基調としたチョリソがスペイン各地でかくも好まれ大量に消費されるのも、当然のことと言えるでしょう。

そしてスペインのなかで唯一ピメントンを多用しないカタルーニャ地方にだけ、コショウ味の系列の腸詰類が発達していることも付け加えておきましょう。その代表的なものはブティファラ butifarra、フエ fuet、ロンガニサ longaniza などです。

チョリソ以外ではモルシージャ morcilla も、マタンサの重要な産物のひとつです。モルシージャは豚の血に香辛料を加え、地方によってタマネギ、米などを使って固めた腸詰めで、生で、焼いて、煮込んでなどの用途に使われます。十六世紀のノーラの本にも、すでにその作り方が記されています。モルシージャもまた、スペイン的な味覚の根底に根づいていると見ていいようです。

これら豚肉加工食品については、工場による大量生産化が実現された一方では、むしろアルテサニーア（手工業）ならではの製品をより高級なものとして再評価する動きもあります。マタンサの伝統の上に築かれた嗜好を近代化のなかでどこまで維持できるか、衛生面などで最新の条件をクリアーしながらも手作りの良さを残していけるかなどが、これからの課題と言えるでしょう。

第十二章 コンディメント（調味料）

condimento

料理の調味について語る際、一般的なのはエスペシア especia（香料、スパイス）というタイトルで括ることでしょう。しかしスペイン料理の場合には、より広い意味でのコンディメント condimento（調味料）として把握することが、一層正確ではないかと思われます。それはスペインの場合、コンディメントという範疇の中でエスペシアの占める割合が、余りにも小さいからです。

代表的なコンディメントとして、まず挙げることができるのは、オルタリサのなかのニンニク、タマネギ、トマトなどです。

アホ ajo（ニンニク）は十五世紀後半からすでに、さまざまな形での調味料として書物に記されています。なかでも、アホとアセイテ aceite（オリーブ油）を合わせたものは、早くから全国的に分布していたと見られ、各地の方言にアヒアセイテ ajiaceite アヒオリオ ajiolio、アリオリ allioli などの名で伝えられてきました。

繰り返し述べてきたように、スペイン料理においてはサルサ（ソース）という概念が余り発達せず、料理とサルサを分離した形で捉えた料理はごく少ないのですが、ニンニクとオリーブ油によるサルサは、その少ない中の重要なひとつと言うことができます。今もカタルーニャ、バレンシアなど地中海沿岸部の地方で好まれているアリオリは、そのなかでも最も古いバリエーションのひとつです。

本来のアリオリは、モルテーロ（すり鉢）でニンニクと塩をすりつぶし、そこに少量ずつオリーブ油を加えて乳化させ、白くねっとりしたソースにしたものです。この製法が手間もかかり難しいところから、近年ではここに卵黄を加えることで、より作りやすく、なおかつまろやかな味のレシピのものとして普及しています。アリオリは、魚料理、米料理、揚げ物などにソースとして添えるだけでなく、サラダの味付けに、ピンチョスのアクセントとしてなど、実に便利な存在となっています。特にカタルーニャ料理では、あまりにも料理との相性がいいためか、濫用といっていいほどに頻繁にアリオリが食卓に登場します。

ちなみに、アリオリに近いソースとして、マオネサ mahonesa（マヨネーズ）もここで紹介しておきましょう。マヨネーズのルーツは、スペインのバレアレス諸島のマオンだと言われています。その真偽はともかくとして、マオネサがスペインの食に深く入り込んだ不可欠のソースであることは間違いありません。アリオリが地中海沿岸地方のお気に入りであるのに対して、マオネサは北部のバスク、カンタブリアなどで特に好まれ、バスク地方のおつまみであるピンチョスにも欠かせない調味料となっています。

ソースとしてだけではなく、調理のプロセスにおいても、アホは調味料として活躍します。その形態は、モルテーロでつぶしたもの、みじん切り、スライス、皮を剥いた一片、皮を剥かない一片、皮を剥かない丸のまま一個などで、それぞれの形態によって異なった調味になることは言うまでもありません。タマネギの基本的な調理法であるソフリートに関してはすでに述べましたが、そのソフリートにニンニクを加えたもの、すなわちオリーブ油とタマネギとニンニクという取り合わせは、最もスペイン的な調味の原型と言っていいでしょう。

このように、調理素材そのものを調味料として利用するというのは、スペインに昔からあったいわば土着の料理体系でした。

それに対して、香料を用いて調味するという考え方は、南からはイスラム文化の導入と共に、そして地中海沿いには、香料の価値が大きく認識されるようになったイタリア系文化の影響によってスペイン料理のなかに組み込まれていくことになります。

十六、十七世紀頃までイベリア半島全域に浸透していたアラビア的な嗜好の特徴は、アグラス（酸味）、ドゥルセ（甘味）、ピカンテ（辛味）を組み合わせたものでした。そこではミエル（蜂蜜）、カネラ（シナモン）などを基調としてヘンヒブレ（ジンジャー）、コミノス（クミン）などを組み合わせた、きわめて東洋的な調味料が活躍していました。

当時の料理人ディエゴ・グラナドは、エスクデーリャ（スープ）の調味に砂糖、シナモン、クラボ（クローブ）、コショウ、さらにヌエス・モスカーダ（ナツメグ）などを使っています。また、魚のカスエラ（鍋料理）には、砂糖とオレンジの汁が使われていますが、これも典型的なアグリドゥルセ（酸味と甘味）のパターンです。

ちなみに、蜂蜜を用いるのがアラビアの嗜好の名残りであることは広く知られていますが、やがてアメリカ新大陸へと持ち込まれるサトウキビをもたらしたのも、同じアラビア人であったことは意外に知られていないようです。

しばしばスペインの代表的な香辛料として紹介されるアサフラン azafrán（サフラン）は、アラビア経由でスペインに登場し、十世紀頃から南部を中心に栽培されていました。文献に現れるのは十三世紀以降ですが、当時この香辛料が、スペインのガストロノミアにおいて欠くべからざるものであったという記録は見られません。むしろ、サフランの多用は、地中海経由でもたらされた他の香辛料と共に、イタリアの影響下に始まったものと見ていいようです。サフランを用いた代表的な料理とされるサルスエラ・デ・マリスコス（魚介類のシチュー）、パエーリャ・バレンシアーナ（バレンシア風パエーリャ）などがいずれも地中海沿岸地方の料理であることも、それを裏付けています。

しかしサフランは収穫量に比して膨大な作付面積と労働力を必要とするため、スペインでもかなり高価で、中級クラス以下のレストランでパエーリャを黄色く色付けているのは主にサフランならぬコロランテ（着色料）であることも、補足しておきましょう。

一方地中海側からは、東洋から伝えられた香辛料とさまざまな香草による、より複雑な嗜好が導入されました。トミージョ（タイム）、ロメロ（ローズマリー）、ペレヒル（パセリ）、イノホ（ウイキョウ）、アルバアカ（バジル）などが、このルートでスペイン料理の世界に定着します。「その価格が世界の船を動かす」とまで言われたピミエンタ pimienta（コショウ）の流行も、この時期に、地中海を経てスペインに到達しています。

当時世界中に拡大していたスペイン帝国の、各植民地からの新奇な料理素材と、これらの変化に富んだコンディメントが出会って、スペイン独自の味が生まれていったのです。こういった香辛料重視の料理体系は、カタルーニャを中心とする地中海沿岸地方一帯に、今も根強く残っています。

地中海ルートでスペイン料理に導入された香辛料の中で特筆すべきなのは、パセリでしょう。乾燥させて使用することの多いジェルバ（香草）としては例外的に、パセリは生のままで香辛料として広く使われてきました。タマネギなどのソフリートに加えてギソ（調理）の土台として、あるいはモルテーロでつぶして調理中の料理に加えるのが一般的な加え方です。

このようにモルテーロを用いるのは、パセリに限らず香辛料を加えるための基本的な方法でした。塩を筆頭として、すべての調味料をつぶし、液体で溶いてから料理に加えるというモルテーロの技法は、カスエラ（土鍋）での調理というスペイン料理の特質に一致して、各地方の料理に取り入れられたのです。

バスクでは、パセリをマチャカールした（つぶした）ものをそのままソースの基本とするサルサ・ベルデ（グリーン・ソース）のようにモルテーロなくしては存在しない調味が、数多く受け継がれています。またカタルーニャでは、パセリ、ニンニク、アーモンド、パンなどを基本とした調味料をモルテーロでつぶしたものをマハード、またはピカーダと呼び、さまざまな料理にこの合わせ調味料を用います。

なおスペインのパセリには大別して三種類あり、その基本的な種類は、まっすぐな葉と長い茎を持つ、香りの高い品種です。

国土の荒廃と食文化の不毛という結果を招いたレコンキスタ（国土回復運動）の時代の後に、アメリカ大陸到達を契機とする、食の新時代が始まります。

新大陸伝来の食材のなかで、調味料として大きな役割を担うことになるのが、ピメントン pimentón（パプリカ）です。当初はピミエント（ピーマン）という野菜として到着したわけですが、それを乾燥させて作るパプリカは、スペイン料理になくてはならない存在となっていきます。

スペインでのパプリカは大きく分けて二種類あり、ピーマンの香りを生かしたドゥルセ（甘口）と、トウガラシ系の辛味のピカンテ（辛口）を組み合わせた調味は、多くの地方で今も基本的な味覚のひとつとなっています。その代表的な例は、チョリソに代表される各地のエンブティードス（ソーセージ類）に見ることができます。

スパイスの種類の多さを、料理の広汎性であるとして誇る国もあります。しかしスペインでは、

「コンディメントと料理素材の一対一の出合い」を重視したところで、常に調味が捉えられてきました。複数のスパイスを使ってより複雑な味を実現しようという料理が、ごく一部の地方を除いてほとんど存在しないことからも、その素材尊重の味覚を推し量ることができるのです。

第十四章

フルータ（フルーツ）

fruta

　スペインは古くから、「豊かな果実の国」として知られてきました。フルータ fruta（果実）及びフルータ・セカ fruta seca（乾燥果実）は、この国のガストロノミアを語る上で欠かすことのできない存在です。

　これも他の食材と同じように、新大陸到達前からあったものと新大陸由来のものに大別することが可能ですが、こと果物に関しては圧倒的に、東洋からイスラムを経て、あるいはギリシャやローマからイベリア半島へと普及したものが主流を占めています。言い換えれば、果実類の栽培と食卓への普及については、アメリカへの到達を待たずとも、すでにほぼ完成した嗜好が出来上がっていたのです。

　ローマ帝国の時代から栽培されてきた果実としては、メロン melón　メロコトン melocotón（モモ）　リモン limón（レモン）などがあります。これらは今もスペインの農作面積の大きな部分を占めていて、なかでもメロンは単一栽培の果物としては最大の耕作面積を誇ります。

スペインで栽培されるメロンは主に三種に分類されます。いずれも高温期の長いこの国の気候に適し、長い収穫期を確保しています。そのままポストレ（デザート）として食べるのが中心ですが、ハモン（生ハム）などに添えてエントレメセス（オードブル）に使ったり、エンサラダ（サラダ）に活用することも定着しました。

モモは、ナバラ地方など北部一帯と、南部ではムルシア地方を中心に広く栽培されています。スペインのモモとは黄桃を指しますが、ポストレ及びコンフィトゥーラ confitura（砂糖煮、砂糖漬けなど）の分野でのこのフルータの存在は実に重要です。モモのメルメラーダ（ジャム）は、スペインで最もポピュラーなジャムのひとつですし、シロップに漬けて、あるいはワインに漬けて保存用にしたものは年間を通じてポストレとして好まれています。

レモンやナランハ naranja（オレンジ）などの柑橘類は、地中海沿岸地方一帯にわたって生産されています。バレンシア地方のバレンシア・オレンジは特に有名です。このオレンジがアメリカ大陸へと持ち込まれて、カリフォルニア・オレンジとなったのです。

スペイン料理の歴史においては、オレンジがレモンより先に登場してきます。十六世紀初頭のノーラの本では、カスエラで調理する魚や肉料理に、しばしばオレンジの果汁を用いています。また、アグア・デ・アサアール agua de azahar（オレンジの花の香りのエッセンス）もこのころから好まれましたが、これは現在も製菓の世界で使われています。

この種の柑橘類を料理に使う嗜好は十八世紀頃を契機に影をひそめ、より個性の強いスパイスを組み合わせたフランス系統の調味が取り入れられるようになります。しかし今でも、ポストレにおいては牛乳に香りを付けるためにオレンジ、またはレモンのコルテサ corteza（皮）を使う習慣があり、これはかつてのカスエラ料理の調味の延長上に続いていると見ていいでしょう。ちなみに、牛乳に柑橘類とカネラ canela（シナモン）で香りをつけるという下拵えは、バニラで香りをつけるフランス風の調味とはっきり異なるスペインのポストレならではの個性を生み出すのに一役買っています。

ノーラの本に登場するフルータとしては、他にマンサーナ manzana（リンゴ）、ペラ pera（洋ナシ）、メンブリージョ membrillo（マルメロ）、ウーバ uva（ブドウ）、イーゴ higo（イチジク）などがあります。リンゴは、エジプト経由で早くからスペインにも知られ、気候の関係で主に北部で栽培されてきました。アストゥリアス地方がその中心で、リンゴそのものよりも、それを素材として作られるシドラ sidra（リンゴ酒）の産地として有名です。

リンゴのポストレはスペイン全土に見られ、マンサーナ・アサーダ manzaha asade（焼きリンゴ）、ブニュエロス・デ・マンサーナ（リンゴの揚げ菓子）などいろいろです。その他にエンサラダや鳥類の詰めもの、肉類の付け合わせなどに、メニューのなかでポストレ以外にリンゴが登場してくることも、決して珍しくありません。

三世紀頃からすでにヨーロッパに存在していたという洋ナシは、生で、あるいはアルミバル（シロップ）やワインでコンポータ compota（シロップなどで煮た果物）にして、常にスペインの食卓に登場していました。前述の十八世紀初めのファン・デ・ラ・マタが書いた製菓術の本『アルテ・デ・レスポステリーア』にも、洋ナシの種類に応じて三種類のコンポータの仕方が説明されています。この記述から、当時すでにペラ・ブランカ、ペラ・デ・ベルガモタ、ペラ・デ・インビエルノなどの名で呼ばれる洋ナシが時期をずらしながら、ほぼ年間を通して市場に出ていたことが、わかります。現在中心となっている栽培品種はウィリアムですが、洋ナシは小規模な農家での栽培に適し、降水量もさほど多く必要としないため、各地でそれぞれの気候に適した品種を分散して生産する形となっています。

マルメロは、生で食べるのにあまり適したフルータではありません。寒さに弱いため、十月までの早い時期に収穫を終え、生で食べる場合には、その後数カ月保存してから市場に出されます。一番活用されるのは、カルネ・デ・メンブリージョ carne de membrillo と呼ばれる形で、これはマルメロの豊富なペクチンを生かして、ほとんど固形と言ってもいいほどしっかりと甘く煮詰めたものです。十六世紀の本にすでにそれに類似したレシピがいくつも出てくることから見ても、この形での活用が昔から盛んであったことがわかります。

カルネ・デ・メンブリージョは、そのままスライスして食べる他、ビスコッチョ（スポンジケーキ）にはさむなど製菓のジャンルでいろいろな形で利用されます。また最近では、ポストレ前のチーズプレートに、塩味のチーズにカルネ・デ・メンブリージョを添えるのも流行っています。

ブドウとイチジクは、ギリシャ経由でスペインにもたらされました。スペインでのブドウの最大の用途はワインの原料としてであり、広大なビニェードviñedo（ワインのためのブドウ畑）に隣接して、いくらかの生食用のブドウを生産しているといった地域が中心です。生のブドウは、そのままポストレや料理に用いる以外にモストmosto（ブドウ果汁）としても多く消費されます。

一方イチジクは、地中海沿岸で主に生産され、古くからスペインで親しまれてきたフルータです。生で、あるいは煮込んだものにクルミやアーモンドを加えてポストレとして、またハモンに添えてエントレメセスとしてなど、広い利用範囲を持っています。

なかでも注目したいのは、イーゴ・セコ（干しイチジク）という使用法です。ブドウも、干したものをパサpasa（干しブドウ）として用いますが、これらの乾燥果実はスペインの食生活のなかで、常に欠かせない存在でした。一例としてスペインのクリスマスには、大皿に盛り合わせた干しイチジク、干しブドウ、ヌエスnuez（クルミ）、アルメンドラalmendra（アーモンド）、ダティルdátil（ナツメヤシ）などが重要なポストレとして出されます。

これらの乾燥果実を珍重する習慣は、アラビアの嗜好を受け継いだものと言われます。年間を通じて生のフルータを欠くことのないイベリア半島の気候を考えると、フルータを乾燥して貯蔵せざるを得ない砂漠の民がもたらした習慣と見るのは、自然なことでしょう。

フルータ・セカとして最も代表的なのはアーモンドで、オリーブ、ブドウと並んで、スペインを代表する農産物のひとつです。その使用範囲は広く、フルータ・セカとしてそのままポストレにする以外に、トゥロン turrón、アルメンドラード almendrado、さらにマサパン mazapán など、スペインの主な菓子はすべてアーモンドを原料とすると言っても言い過ぎではありません。

また、米と煮込んで、スープに加えて、ニンニクやパセリと共に野菜料理の調味にと、料理にも活躍します。アーモンドを好んだアラビアの民が長く支配したスペイン南部では、当然のことながら、それらの料理や菓子がより多く定着しているのを見ることができます。

その他にクルミ、ピニョン piñón（松の実）、ピスタッチョ pistacho（ピスタチオ）、アベジャーナ avellana（ヘーゼルナッツ）なども、フルータ・セカとして多用されます。「アルメンドラとミエル（アーモンドと蜂蜜）」に象徴されるアラビア的嗜好は、ポストレの分野を中心にスペインのほぼ全土に根強く残り、今もこの国の味覚の一端に独特のエキゾチックで東洋的な彩りを加えているのです。

一方、生のフルータに関しては、他の章でも述べてきたように原産地呼称、または地理的原産地保護などの規制が始まっています。そのなかにはバレンシアの柑橘類、ジローナとビエルソのリンゴなどに加えてヘルテとアリカンテのセレサ cereza（サクランボ）、カタルーニャのニスペロ níspero（ビワ）などもあり、スペインが自らの豊かな果物の資源に改めて目を向け始めたことを物語っています。

第十五章

ケソ（チーズ）
queso

スペインは優れた品質のケソ queso（チーズ）を生産している国のひとつですが、相対的に見るとその消費量は少なく、緩やかな上昇を続けているとはいえ、国民一人当たりのチーズの年間消費量は七・五キログラムで、フランスの約三分の一です。

この消費量の違いは、「いつ、どういう形でチーズを食べるか」そして「どのようなタイプのチーズを好み生産しているか」という二つの問いに答えることで明らかになるでしょう。

チーズの年間消費量をタイプ別に見ると、ケソ・クラード queso curado とセミクラード semicurado（熟成、半熟成チーズ）が二・九キロ、ケソ・フレスコ queso fresco（フレッシュ・チーズ）が二・一キロ、その他のタイプが二・五キロといった配分になっています。

さらに、全消費量のうち家庭消費の割合は八五パーセントにのぼります。言い換えればスペインでは、レストランなどの外食でチーズを食べる割合はきわめて低く、そのほとんどが家庭で消費されていることがわかります。

こういった消費状況の要因として、二つのことが考えられます。ひとつは、料理に素材としてチーズを使用するケースがごく限られていること。もうひとつは、チーズを、フランスのように「料理とデザートのあいだの一皿」として食する習慣がもともと存在していないことです。

まず、料理に食材としてチーズを使うことについて見てみましょう。

一五二五年のノーラの本には、チーズを使った料理がかなり沢山登場します。衣を付けて揚げる、カルド（スープ）のなかに刻んで加えるなど、その使用形態はさまざまです。いずれも使用しているのは、ケソ・フレスコ、あるいはケソ・フンディード queso fundido（溶かしチーズ）です。当時、溶かして用いるタイプのチーズはケソ・アサデーロ queso asadero（焼くためのチーズ）とも呼ばれ、ケソ・マンテコソ mantecoso（クリーミーなチーズ）と並び、調理に適したチーズとして好まれていたのです。

この本に出てくるチーズを使ったレシピのいくつかは、ナポリに長く滞在したノーラが、頻繁にチーズを使うイタリアの料理に影響を受けたものと見ていいでしょう。

それ以後、近代に至るまでのスペインの料理人たちの本では、チーズを使用した料理は次第に減っていく傾向にあります。十七世紀のモンティーニョの本にはまだ、ケソ・アサデロを使うレシピがいくつか出てきますが、十八世紀のアルティミラはすでに食材としてのチーズをほとんど使わず、十九世紀のムーロの本に至っては、明らかに外来のレシピとして加えられているわずかなもの以外、チーズは全くと言っていいほど登場しないのです。

唯一、チーズを調理に用いることが歴史的に定着していると言えるのは地中海沿岸地方、即ちカタルーニャ、バレンシア、ムルシア一帯です。このことも、チーズを食材として見る習慣がフランス、イタリアなど地中海沿いの隣国から導入されたものであることを裏付けていると言っていいでしょう。十四世紀のカタルーニャの本に出てくるチーズにミエル（蜂蜜）を使ったポストレも、フラオンという名でノーラの本に出てくるチーズを使ったフラン（カスタード・プディング）も、ほとんど同じ形で現在のカタルーニャ料理の中に受け継がれているのです。

では、料理に使わないとしたら、スペイン人はどういうシーンでチーズを食べているのでしょう。スペインでの最も一般的なチーズの食べ方は、軽い夕食の一皿、あるいはアペリティポ（食前酒、及び食前酒に添えるつまみ）としての一皿など、「独立した一皿の料理としてチーズを食べる」と言う形です。ボカディーリョ（バケットパンのサンドウィッチ）にはさむといった形での消費がそれに続きます。

言い換えればスペインでは、タブラ・デ・ケソ（チーズの盛り合わせプレート）はエントランテ entrante（オードブル）として登場する可能性こそあれ、ポストレ（デザート）として登場することはかつてなかった、ということを認識する必要があります。わずかにケソ・デ・ブルゴス queso de Burgos を代表とするようなあっさりした味のケソ・フレスコだけが、いくつかの地方でポストレとして使われてきました。

濃厚な風味と濃い塩味を持つスペイン独自の圧縮・熟成タイプのチーズは、ワインとの相性は素晴らしいかわり、本来ポストレには向いていません。そしてチーズプレートをポストレの前の一皿として出すというフランスではごく当たり前の習慣は、フランス料理に追随する感覚のレストラン以外では、ついぞ存在しなかったのです。

現在、原産地指定（D.O.P.）または地理的指定保護（I.G.P.）に指定されているチーズ生産地域は全体で二七にものぼります。これも、スペイン独自の個性を持つチーズの生産に注目し、国内消費と併せて輸出も増加させたいという政府単位の動きの現れと言えます。

デノミナシオン・デ・オリヘンに指定されたチーズを原料で分類すると、オベハ（羊）のみが七地方、バカ（牛）のみが四地方、カブラ（山羊）が四地域、オベハ、バカ、カブラ（山羊）の混合が二地方（二〇〇七年現在）となります。

羊のチーズを産するラ・マンチャが広大な中央部の台地であるのを例外として、多くの指定産地がカンタブリア海を始めとする海辺の地方であることは、この国の気候分布に基づいた酪農の実体からも当然のことと言えます。代表的な産地のいくつかを紹介しましょう。

ロンカル Roncal は、ナバラ地方東北部のごく限られた地域で生産される羊のケソ・クラードです。その生産者はほとんどが小規模の伝統的な手作りで、生産量も全指定産地の六パーセントほどに過ぎませんが、熟成度が高く脂肪分の多い濃厚な風味は評価が高く、最も古い歴史を持つ指定産地です。

イディアサバル Idiazábal も羊のケソ・クラード、ないしはセミクラードで、ロンカルの四カ月以上に対して、二カ月以上の熟成を義務付けられています。バスク全域とナバラ北部の広い地域で、多数の小規模生産者によって作られ、近年特に人気があります。

羊のチーズとしてスペインを代表するのは、何と言ってもマンチェーゴ manchego でしょう。ローマ時代から愛好されたというこのチーズは、ラ・マンチャ地方全域で生産され、その生産量は全指定産地の約二五パーセントを占めます。ケソ・マンチェーゴにはセミ・クラードからクラードまでのタイプがありますが、その個性を最もはっきり現しているのは、熟成度の高いクラード、あるいはクラードをさらにオリーブ油の中で熟成させたものです。スペイン人の食生活に密着したチーズと呼ぶことができるでしょう。

一方、マオン Mahón は地中海メノルカ島で作られる牛を基本とした混合タイプのチーズで、最も多い生産量を誇る指定産地です。マオンの特色は、フレスコから十カ月以上の熟成を要求するクラードまで、さまざまなタイプが生産されていることで、その味もバリエーションに富んでいます。

カンタブリアはスペインで最も乳牛の牧畜が広汎な地方であり、多くの種類のチーズを産しています。このうち、カンタブリア Cantabria と呼ばれるものはケソ・マンテコソの代表的なタイプであり、上質の牛のチーズとして高く評価されています。

最後にカブラレス Cabrales はアストゥリアス地方東部で作られる三種混合のチーズで、青カビを内部で熟成させたブルーチーズとしてスペインで最も有名なものです。このチーズは楓の葉で包むのを特色とし、今も小規模生産者によって伝統的手法で作られています。類似したタイプのものはカンタブリア一帯でも作られますが、二五〇〇メートル以上の標高の山岳地帯で作られるこのチーズの風味は、独自のものです。

今、スペインのチーズ業界は、各酪農家単位でのアルテサニーア（手工業）と工場での大規模生産との両立という新しい体制への過渡期にあると言っていいでしょう。これはチーズだけでなく、他の加工食品のジャンルに関しても同じことが言えます。

言い換えればスペインの食糧生産そのものが、品質劣化という問題へと繋がっていく可能性を秘めた機械化、・近代化と、社会状況によって大きく変動を受けやすい不安定な小規模高級化という二つの対極のあいだで揺れ動いているのです。ただ現在大切なこととして評価したいのは、ワイン、チーズなどをはじめとするさまざまな分野で、指定産地制度に組み込まれる産地が年々数を増やしていることからも明らかなように、スペイン全体として食材、食品の品質に大きな関心が向けられるようになってきているということでしょう。

量から質へ、というスローガンは今やスペインの食に関わる多くのジャンルで実行されつつある変化であり、その努力は世界的に認められつつあります。

しかしその一方で、スペイン料理界全体のあまりにも急激な変貌は、いくつかのひずみや問題を提議し始めてもいます。

優れた質の食材。長く複雑な歴史が育んできた、独自の嗜好と料理。そこに優れた才能を持つシェフたちが加わって、今スペインは歴史上初めて「食の黄金時代」と呼ばれる恵まれた時代に突入しています。だからこそ、これからのスペイン料理はどういう方向へ向かって進んでいくべきなのか、改めて考えなくてはいけない時期がきているように思います。

伝統と前衛のあいだで、スペイン料理ならではのアイデンティティをどう位置付けていくのか？　環境保護をも視野にいれた食材の開発を、料理界からどのようにサポートしていくのか？……　さまざまな問題を抱えながらも魅力的な新時代を迎えつつあるスペインの食の世界のこれからを、期待を持って見守っていきたいものです。

ブームの仕掛人・渡辺万里

坂東省次

今、北海道に来ています。

今日（九月五日）から始まった「さっぽろタパス」に参加するためです。さっぽろタパスは、食べて、歩いて、おいしい札幌を遊ぶ五日間。スパニッシュ、フレンチ、イタリアンからバー、和食、多国籍、カフェなど九〇軒ほどが参加しています。さっぽろタパス開催の目的は、町おこし。その見本は、函館のスペインバル街にあります。函館市西部地区の飲食店街をスペインの居酒屋「バル」に見立て、散策と飲食を楽しみ、地域再生につながればと企画したイベントです。その仕掛人は、函館でバスク料理店を営む深谷宏治さんです。

日本でスペイン料理がブームのようです。東京や大阪などの大都市を中心にスペインレストランやバルが次々と開店して人気を呼んでいます。生ハム、オリーブ、ワインなどがスペインから続々と到着しています。その仕掛人は、もしかしたら本書の著者、渡辺万里さんかも知れません。

日本にスペイン料理が紹介されたのは、いったいいつのことでしょうか。管見によれば、かつてポルトガルに住んだことのある作家の壇一雄が雑誌『世界の旅・日本の旅』（一九六〇年十一月号）に「スペインの蟹の足」という記事を掲載したのが最初のようです。しかし、本となれば、最初は翻訳で、当時料理家として活躍していた江上トミさんの日本語版監修でピーター・フィールドマン著『スペイン・ポルトガル料理』という本が一九七三年に、それから四年後の一九七七年にカンディド・ロペス著『スペイン料理名作選』が出ています。日本語で書かれた最初の本が出るのは一九七九年のこと、貝塚エミリオが『スペイン料理』を出しています。日本でスペイン料理が注目されるようになるのは、スペインでバルセロナ・オリンピックとセビリア万国博が同年開催された一九九二年以降のことです。

渡辺さんとスペインとの出会いは、学習院大学時代に遡るようです。たまたま飛び込んだゼミが、「スペイン内戦」の研究で知られた斎藤孝教授のゼミだったのです。それがきっかけでスペイン語の学習が始まり、その後にはむろん本場スペインへの旅行が続きます。しかし、最初のスペイン旅行で、渡辺さんはライフワークを決めたというからすごい。渡辺さんは今や押しも押されぬスペイン料理研究の第一人者ですが、当の渡辺さんはスペイン食文化研究家の方を好まれます。

渡辺さんはスペイン食文化の研究をはじめておよそ四半世紀、その間、スペインと日本の間を数えきれないほど往復しながら、スペイン各地のレストランを訪れてさまざまな料理を食し、図書館などで文献調査・研究をし、また日本に帰っては講演、執筆と多忙な日を送る一方で、これまで『太陽が一番のごちそうであった』（一九九〇年）、『スペインかすていら巡礼』（一九九二年）、『スペインの竈から』（一九九四年）、『エル・ブジ究極のレシピ集』（二〇〇〇年）、『修道院のウズラ料理』（二〇〇二年）などを上梓してきました。

日本ではすでに東理夫・菅原千代志著『スペインは味な国』、おおつきちひろ著『わたしのスペイン食体験』、高森敏明著『スペインおいしい紀行』などすぐれたスペイン料理の本が出ています。しかしながら、これらはいずれもスペイン料理の紹介本に過ぎません。一方、渡辺さんはスペイン料理を単に紹介するだけでなく、スペインの食を文化史の観点から捉えようとしています。スペイン食文化研究家とする所以です。

スペインを語るときのキーワードは、「多様性」です。それは単にスペインを含むイベリア半島の自然環境が多様であるだけでなく、民族も言語もそして料理もまた多様なのです。渡辺さんも本書で述べているように、「スペイン料理」というのは存在しないのです。存在するのはバスク料理、ガリシア料理、カタルーニャ料理等々です。

料理の分野においても同様で、各地方の料理はあくまで地方料理という範疇にとどまって普遍性を勝ち得なかったものが多く、「スペイン料理」という総括的な名を付すことは困難です。海外、例えば日本で代表的なスペイン料理とされているものも、実は一地方の料理でしかないという場合が多々あります。例えば、パエーリャはバレンシア地方の料理であり、イカの墨煮はバスク地方のもの、ガスパッチョはアンダルシアを中心としてマドリード以南、というように。

言い換えれば、日本ではさまざまな食べ物がスペイン料理としてこれまで紹介されてきましたが、体系的に解説されたことはなかったのです。日本におけるスペイン料理界はまさに前人未踏の世界でした。渡辺さんは本書を含む自著を通じて、スペインの食文化とは何かをそのルーツを探りながら体系的に明らかにしようと果敢に挑戦してきたのです。

本書『スペインの竈から』を読まれた読者は、スペイン料理がローマ、イスラム、ユダヤなどじつにさまざまな民族の影響を受けて形成されてきたかを知って驚きを禁じえないでしょう。と同時に、そうした複雑な食文化の歴史の謎を見事に解明する著者の手法に脱帽することがままあります。

一例を挙げてみましょう。スペイン料理は、豊かな素材、民族的にも変化に富んだ料理形態、地理的に必然となった地方ごとの食生活のはっきりした個性など、いわばすべてのすぐれた資質を持ちながら、なぜフランス料理の洗練さに欠けるのか。この問いに対して、渡辺さんは、スペインは料理文化が完全に熟するほどの、真の意味での繁栄期を持たなかったと答えます。と同時に、スペインが繁栄期をもたなかったが、変化に富んだ民族の変遷によって、異文化混合の賜物としての料理文化を発展させたことへの言及も忘れません。

スペインは一九七五年以降の民主化によって物質的に豊かな国へと変貌を遂げるなかで、スペイン料理界にも新しい変革の波が押し寄せ、極端なまでに伝統料理を誇っていた時代からこの国の持つ豊かな食材を駆使したまったく新しい料理が登場してきました。時代の寵児として知る人ぞ知るレストラン「エル・ブジ」の料理人フェラン・アドリアを頂点とするスペイン料理界の活躍は今や、近年まで料理界のトップを独走してきたフランスを追い越した感すらあるほどです。

長く複雑な成り立ちと歴史を持つスペイン独自の食文化は、これからも日進月歩することでしょう。そんな興味深い動向を日本に伝えてくれるのは、渡辺万里さんしかいません。渡辺さんはやはり日本におけるスペイン料理ブームの仕掛け人といっても過言ではないのです。

二〇一〇年九月

（京都外国語大学外国語学部教授）

参考文献

Mártinez Montiño, Francisco : *Arte de cocina, pastelería, vizcochería, y conservería.* 1982.

Granado, Diego : *Libro del arte de cozina.* 1991.

Mata, Juan de la : *Arte de repostería.* 1981.

Nola, Ruperto de : *Libro de guisados.* 1969.

Altimiras, Juan : *Nuevo arte de cocina.* 1999.

Vega, Luis Antonio de : *Viaje por la cocina española,* 1969.

Delgado, Carlos : *Diccionario de gastronomía,* 1985.

Pascual ,Carlos : *Guía gastronomica de España.* 1977.

Muro, Angel : *El Practicón.* 1914.

Domingo, Xavier : *La mesa del Buscón.* 1981.

Domingo, Xavier : *De la olla al mole.* 1984.

Martinez Llopis, Manuel M. : *Historia de la gastronomía española,* 1989.

Terrón, Eloy : *España, encrucijada de culturas alimentarias.* 1992.

立石博高『世界の食文化・スペイン』農文協、二〇〇七年。

立石博高ほか『スペインの歴史』昭和堂、一九九八年。

川成洋・坂東省次『現代スペイン読本』丸善、二〇〇八年。

坂東省次・戸門一衛・碇順治『現代スペイン情報ハンドブック』三修社、二〇〇七年。

あとがき

早稲田大学で「スペインの食文化」という講義を受け持つようになって数年になりますが、スペインについて随分詳しく知っている学生が年毎に増えているのには驚かされます。もはや「日本人はパエーリャとサングリアしか知らない！」と言って嘆いてみせるわけにはいきません。エル・ブジが何か知っている若者は沢山いるし、オリーブ油の選び方を知っている人も珍しくなくなりました。

さらには、スペインの旗を掲げたレストランを目にすることも増え、「バル」「タパス」「ピンチョス」「イベリコ」などという言葉が、そのルーツがスペインであることさえ知られないままに一人歩きを始めています。考えてみれば、世界中の料理の店が氾濫し、外国の食を取り入れることに貪欲な日本の人々が、スペイン料理という目新しいジャンルに興味を持ち始めたのは、遅すぎるくらいだったかもしれません。

そして今、せっかく日本で紹介され始めたスペインの食についての情報を目にするたびに、あまりにも空白の部分が多いことにがっかりし、あまりにも短絡な知識だけでつじつまを合わせてしまっていることにがっかりしてしまいます。

だからこそ、まだ「誰もスペイン料理のことを知らなかった」一九九〇年台に『専門料理』という専門誌に連載され、その後単行本になった『スペインの竈から』を、もっと多くの人に読んでほしいとかねがね思っていました。このたび、時代にあわせて資料その他を加筆訂正したうえで、「これだけは知っていてほしい」という部分に凝縮した形で、この本を改めて出版できるのは、私にとって本当に嬉しいことです。

私が勉強を始めた一九七〇年代には、スペイン食文化の資料など日本のどこにもなく、スペイン本国で探すのにさえも時間がかかり苦労しました。ところが今では、インターネットでちょっと検索するだけでさまざまなデータが目の前に出てきます。

でもそれらの資料には、手軽なだけに、安易でいい加減なものもかなり混じっているようです。そんなデータの氾濫のなかで、正しい方向からスペイン料理の世界に近づいていくための手がかりになるような、基本的な情報を伝えたい。「スペイン料理とは何か」という問いに対するひとつのヒントとして、この本をより多くの人々に読んでほしい。そんな思いが、この本の改版へとつながりました。

スペインという国の情勢はこの十年あまりで大きく変わり、なかでも食文化については一世紀にも匹敵するほどの進歩と変貌を成し遂げました。そして、私自身のスペインとの関わり方、スペインの食文化に対するスタンスも、少しずつ変わってきたと思います。新しいスペインの食を、その向こうに連なる長い歴史を背景にして美味しく味わっていただくことができたら幸いです。

新たな出版に際してご指導いただいくと同時に身にあまる跋文をお寄せいただいた坂東省次先生と、以前に増して良い本になるようにとご尽力いただいた現代書館の菊地泰博氏に、心から感謝したいと思います。

最後に、学生に教えることがなにより好きだった父と、私もまた大学で教鞭をとるようになったことを心から喜んでくれた母とに、この本をささげたいと思います。


二〇一〇年九月、スペインより暑い東京にて。

渡辺万里（わたなべ・まり）

学習院大学法学部卒。一九七五年よりスペイン・マドリードのピラール・サラウ女史その他の指導を受けてスペイン料理を学ぶ。

一九八九年、スペイン食文化の紹介を目的として東京目白に「スペイン料理文化アカデミー」を開設。以来、執筆、講演、後進の指導などの活動に携わっている。

早稲田大学文化構想学部非常勤講師。

主な著書に『太陽が一番のごちそうだった』（新宿書房）、『スペインかすていら巡礼』（扶桑社）、『エル・ブジ至極のレシピ集』（日本文芸社）、『修道院のウズラ料理』（現代書館）など。

http://academia-spain.com

スペインの竈《かまど》から

——美味しく読むスペイン料理の歴史

二〇一〇年十月十日　第一版第一刷発行

二〇一九年五月十日　第一版第二刷発行

著　者　渡辺万里

発行者　菊地泰博

発行所　株式会社現代書館

東京都千代田区飯田橋三―二―五

郵便番号　102-0072

電　話　03（3221）1321

ＦＡＸ　03（3262）5906

振　替　00120-3-83725

組　版　コムツー

印刷所　平河工業社（本文）

東光印刷所（カバー）

製本所　鶴亀製本

装幀・扉デザイン　伊藤滋章

校正協力・迎田睦子／Javier de Esteban

ISBN978-4-7684-5645-3

定価はカバーに表示してあります。乱丁・落丁本はおとりかえいたします。

http://www.gendaishokan.co.jp/